América

Monteiro
LOBATO

Monteiro
LOBATO

PROBLEMA VITAL,
JECA TATU E
OUTROS TEXTOS

© Editora Globo, 2010
© Monteiro Lobato
sob licença da Monteiro Lobato Licenciamentos, 2008

Todos os direitos reservados.

Nenhuma parte desta obra pode ser apropriada e estocada em sistema de banco de dados ou processo similar, em qualquer forma ou meio, seja eletrônico, de fotocópia, gravação etc. sem a permissão dos detentores dos *copyrights*.

Edição: Cecília Bassarani (coordenação), Luciane Ortiz de Castro
Edição de arte: Adriana Bertolla Silveira
Diagramação: Gisele Baptista de Oliveira

Consultoria e pesquisa: Marcia Camargos e Vladimir Sacchetta
Preparação de texto: Márcio Guimarães de Araújo
Revisão: Margô Negro
Produção editorial: 2 Estúdio Gráfico
Projeto gráfico: Manifesto Design

Créditos das imagens: Acervo Iconographia (páginas 10, 13, 14, 15, 16 e 17), Acervo Família Monteiro Lobato (páginas 6 e 12), Coleção Vladimir Sacchetta (páginas 127, 129, 131 e 133).

Dados Internacionais de Catalogação na Publicação (CIP)
(Câmara Brasileira do Livro, SP, Brasil)

Lobato, Monteiro, 1882-1948.
Problema vital, Jeca Tatu e outros textos /
Monteiro Lobato. – São Paulo: Globo, 2010.

ISBN 978-85-250-4861-5

1. Artigos jornalísticos 2. Brasil - Saúde e higiene 3. Saneamento - Brasil 4. Saúde pública - Brasil I. Título.

10-05925   CDD-362.10981

Índices para catálogo sistemático:
1. Artigos jornalísticos: Brasil: Saúde e higiene: Saúde pública: Problemas sociais 362.10981

1ª edição, 2010

Editora Globo S.A.
Av. Jaguaré, 1.485 – Jaguaré
São Paulo – SP – 05346-902 – Brasil
www.globolivros.com.br
monteirolobato@edglobo.com.br

SUMÁRIO

6 Monteiro Lobato
9 Obra adulta
10 O caipira em três tempos
19 PROBLEMA VITAL
22 A ação de Oswaldo Cruz
28 Dezessete milhões de opilados
34 Três milhões de idiotas
40 Dez milhões de impaludados
46 Diagnóstico
50 Reflexos morais
56 Primeiro passo
60 Déficit econômico, função do déficit da saúde
66 Um fato
70 A fraude bromatológica
76 O início da ação
80 Iguape
88 A casa rural
94 As grandes possibilidades dos países quentes

101 JECA TATU

113 ZÉ BRASIL

125 CONTO INDUSTRIAL

138 Bibliografia

Monteiro Lobato

Monteiro Lobato por J.U. Campos

Homem de múltiplas facetas, José Bento Monteiro Lobato passou a vida engajado em campanhas para colocar o país no caminho da modernidade. Nascido em Taubaté, interior paulista, no ano de 1882, celebrizou-se como o criador do Sítio do Picapau Amarelo, mas sua atuação extrapola o universo da literatura infantojuvenil, gênero em que foi pioneiro.

Apesar da sua inclinação para as artes plásticas, cursou a Faculdade do Largo São Francisco, em São Paulo, por imposição do avô, o Visconde de Tremembé, mas seguiu carreira por pouco tempo. Logo trocaria o Direito pelo mundo das letras, sem deixar de lado a pintura nem a fotografia, outra de suas paixões.

Colaborador da imprensa paulista e carioca, Lobato não demoraria a suscitar polêmica com o artigo "Velha praga", publicado em 1914 em O Estado de S.Paulo. Um protesto contra as queimadas no Vale do Paraíba, o texto seria seguido de "Urupês", no mesmo jornal, título dado também ao livro que, trazendo o Jeca Tatu, seu personagem-símbolo, esgotou 30 mil exemplares entre 1918 e 1925. Seria, porém, na Revista do Brasil, adquirida em 1918, que ele lançaria as bases da indústria editorial no país. Aliando qualidade gráfica a uma agressiva rede de distribuição, com vendedores autônomos e consignatários, ele revoluciona o mercado livreiro. E não para por aí. Lança, em 1920, A menina do narizinho arrebitado, a primeira da série de histórias que formariam gerações sucessivas de leitores. A infância ganha um sabor tropical, temperado com pitadas de folclore, cultura popular e, principalmente, muita fantasia.

Em 1926, meses antes de partir para uma estada como adido comercial junto ao consulado brasileiro em Nova York, Lobato escreve O presidente negro. Neste seu único romance prevê, através das lentes do "poviroscópio", um futuro interligado pela rede de computadores.

De regresso dos Estados Unidos após a Revolução de 30, investe no ferro e no petróleo. Funda empresas de prospecção, mas contraria poderosos interesses multinacionais que culminam na sua prisão, em 1941. Indultado por Vargas, continuou perseguido pela ditadura do Estado Novo, que mandou apreender e queimar seus livros infantis.

Depois de um período residindo em Buenos Aires, onde chegou a fundar duas editoras, Monteiro Lobato morreu em 4 de julho de 1948, na cidade de São Paulo, aos 66 anos de idade. Deixou, como legado, o exemplo de independência intelectual e criatividade na obra que continua presente no imaginário de crianças, jovens e adultos.

OBRA ADULTA*

CONTOS
- URUPÊS
- CIDADES MORTAS
- NEGRINHA
- O MACACO QUE SE FEZ HOMEM

ROMANCE
- O PRESIDENTE NEGRO

JORNALISMO E CRÍTICA
- O SACI-PERERÊ: RESULTADO DE UM INQUÉRITO
- IDEIAS DE JECA TATU
- A ONDA VERDE
- MISTER SLANG E O BRASIL
- NA ANTEVÉSPERA
- CRÍTICAS E OUTRAS NOTAS

ESCRITOS DA JUVENTUDE
- LITERATURA DO MINARETE
- MUNDO DA LUA

CRUZADAS E CAMPANHAS
- PROBLEMA VITAL, JECA TATU E OUTROS TEXTOS
- FERRO E O VOTO SECRETO
- O ESCÂNDALO DO PETRÓLEO E GEORGISMO E COMUNISMO

ESPARSOS
- FRAGMENTOS, OPINIÕES E MISCELÂNEA
- PREFÁCIOS E ENTREVISTAS
- CONFERÊNCIAS, ARTIGOS E CRÔNICAS

IMPRESSÕES DE VIAGEM
- AMÉRICA

CORRESPONDÊNCIA
- A BARCA DE GLEYRE
- CARTAS ESCOLHIDAS
- CARTAS DE AMOR

* Plano de obra da edição de 2007. A edição dos livros Literatura do Minarete, Conferências, artigos e crônicas e Cartas escolhidas teve como base a primeira edição, de 1959. Críticas e outras notas, a primeira edição, de 1965, e Cartas de amor, a primeira edição, de 1969. A barca de Gleyre teve como base a primeira edição de 1944 da Companhia Editora Nacional, a primeira, a segunda e a 11ª edições dos anos de 1946, 1948 e 1964, respectivamente, da Editora Brasiliense. Os demais títulos tiveram como base as Obras completas de Monteiro Lobato da Editora Brasiliense, de 1945/46.

O caipira em três tempos

MONTEIRO LOBATO

Problema Vital

ARTIGOS PUBLICADOS NO "O ESTADO DE S. PAULO", E ENFEIXADOS EM VOLUME POR DECISÃO DA SOCIEDADE EUGENICA DE S. PAULO E DA LIGA PRÓ-SANEAMENTO DO BRASIL

EDIÇÃO DA REVISTA DO BRASIL
S. PAULO — 1918

Problema vital, *capa da primeira edição*, 1918

Depois da boneca Emília, talvez seja Jeca Tatu o personagem mais conhecido saído da pena de Monteiro Lobato. Criado em dezembro de 1914 para O *Estado de S.Paulo*, apareceu como protagonista de "Urupês". Reproduzido em outros jornais, o polêmico artigo seria posteriormente enfeixado em livro com o mesmo título, alcançando tiragens recordes.

Retrato do fatalismo, o "bichinho feio, magruço, arisco, desconfiado, sem jeito de gente" passava os dias de cócoras, pitando cigarro de palha e tomando pinga, alheio ao mundo à sua volta. Sem ânimo, ia ao mato caçar, tirar palmito, apanhar cachos de brejaúva, mas não plantava. Adepto da lei do menor esforço, esta criatura habitante do Vale do Paraíba nasceu em consequência das decepções de Lobato nas tentativas de implementar, sem sucesso, ousados projetos agrícolas em terras esgotadas da Fazenda do Buquira, herdada do avô.

Inconformado, ele primeiro jogou a culpa no homem da roça. Aos poucos, na busca constante de soluções para os problemas do país, deparou-se com as pesquisas dos médicos sanitaristas Belisário Pena e Artur Neiva. É quando descobre que o caipira não era fruto de um determinismo genético e sim vítima do subdesenvolvimento, da fome e da miséria. "Está provado que tens no sangue e nas tripas um jardim zoológico da pior espécie", admitia então. "É essa bicharia cruel que te faz papudo, feio, molenga, inerte." Por isso, nas tiragens subsequentes de *Urupês*, ele reabilita o Jeca e abraça as campanhas higienistas que viriam combater nossos males endêmicos.

O homem do campo captado pela objetiva de Monteiro Lobato, c. 1913

Escreve então a série de artigos aqui reproduzidos. Em seguida à homenagem a Oswaldo Cruz, que abre o volume, temos "Dezessete milhões de opilados". Ali, com uma pontada de revolta, compara as bactérias transmissoras do amarelão que atacam o paciente com toxinas de terríveis efeitos aos parasitas sociais. Segundo ele, constituíam hordas que vicejam à custa do Estado e "em lânguido ócio mamam a vida inteira o sangue-dinheiro elaborado pelas classes produtoras". Logo trata de criticar os escritores de gabinete que não entram no mato por medo de carrapato e por isso idealizam o caboclo. "Esses heroicos sertanejos, fortes e generosos, evolução literária dos índios plutárquicos de Alencar; essa caipirinha arisca, faces cor de jambo, pés lépidos de veada, carne dura de pêssego: licenças bucólicas de poetas jamais saídos das cidades grandes." E reiterando sua aversão aos intelectuais que se pautam por Paris, os "estetas de olho ferrado na França", volta as baterias contra os bacharéis incapazes de adotar medidas básicas para resolver as principais questões que afetam a população. "No corpo são a mente é sã", diz Lobato, que indaga: "Quereis remendar um país assim? Restaurar-lhe as finanças? Dar-lhe independência econômica? Implantar a justiça? Intensificar a produção? Criar o civismo? Restabelecer a vida moral?". E responde: "Restaurai a saúde do povo. Curai-o, e todos os bens virão ao seu tempo pela natural reação do organismo vitalizado".

Capa de uma das primeiras edições de Jeca Tatuzinho, *de autoria de Kurt Wiese, c. 1920*

Anúncio publicado nas primeiras edições de Jeca Tatuzinho, *c. 1920*

Os demais textos seguem na mesma linha de denúncia da penúria dos habitantes infestados de malária, vermes, mal de Chagas, tuberculose e outras enfermidades crônicas e da crítica à falta de assistência médica advinda do descaso das autoridades governamentais. A exceção fica por conta de "Um fato". Publicado inicialmente como "A trapa do Tremembé", na *Revista do Brasil* de abril de 1918, aborda a política de imigração, que tomava para a lavoura "empréstimos de músculos europeus".

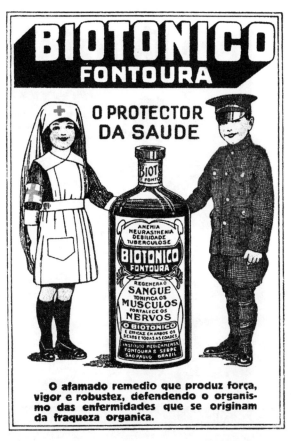

Anúncio do Biotônico Fontoura, c. 1920

Apresentado na segunda parte, o "Jeca Tatuzinho", inventado por Lobato em 1920, vem ensinar noções de higiene às crianças e adultos. Oferecido ao seu amigo Cândido Fontoura para promover os produtos do laboratório Fontoura Serpe & Cia. – Instituto Medicamenta, na época –, com especial foco no Biotônico, o folheto ilustrado por Belmonte e J. U. Campos chegaria a 100 milhões de exemplares em 1982, sendo considerada a peça publicitária de maior sucesso da propaganda nacional.

Curado e fortalecido, a figura do Jeca dá uma guinada ainda mais radical em 1947. Aproximando-se de Luís Carlos Prestes, Lobato escreve um livreto narrando o sonho do Cavaleiro da Esperança, como era conhecido, e seu projeto de reforma

Almanaque do Jeca Tatuzinho, *capa de J. U. Campos, 1941*

agrária. Temos aqui então a história de Zé Brasil, um agregado na Fazenda Taquaral, de propriedade do coronel Tatuíra, que se aproveita dos rendeiros, de quem recolhe a metade da produção sem fornecer qualquer subsídio, para viver "no macio, sempre lá pelas capitais, arrotando presunto". Para acabar com tamanha injustiça, cogitam na divisão dos dois mil alqueires entre os "mais de cem arranjados", para que pudessem plantar e colher o resultado de sua labuta.

"Se o Prestes quer mudar isso, esse homem merece a nossa aprovação", diz o libelo de 24 páginas lançado pela Editorial Vitória em 1947. Não é de estranhar que ele tenha sido apreendido em sucessivas investidas da polícia política. Edições clandestinas pipocaram aqui e ali. No ano seguinte sairia uma versão ilustrada por Candido Portinari que viria fechar o ciclo do Jeca Tatu.

Fecha o volume o "Conto industrial", folheto distribuído pelo Instituto Medicamenta Fontoura em 1949, numa homenagem a Monteiro Lobato um ano após a sua morte, e publicado pela primeira vez em livro nesta edição.

Capa do folheto Zé Brasil, *ilustrado por Percy Deane, 1947*

PROBLEMA VITAL

"O JECA NÃO É ASSIM; *ESTÁ ASSIM*."

(Artigos publicados n'O Estado de S.Paulo *em 1918.)*

A ação de Oswaldo Cruz

De longa data vivemos num perfeito mundo da lua, muito parente daquele camoniano estado d'alma ledo e cego da Inês de Castro... Sempre vimos errado, a nós e às nossas coisas. E apesar de inúmeras decepções continuamos a ver-nos ainda às avessas.

Umas tantas mundices da lua ganharam foros de axioma, desses que se demonstram pelo simples enunciado, *v. g.*: a tríplice miragem da nossa riqueza, da nossa inteligência e da nossa *invencibilidade*.

Resumem-se assim tais dogmas:

1º – *Somos um dos povos mais inteligentes e sensatos do mundo* – como o afirma Alberto Torres em O *problema nacional*, consolidando uma opinião generalizada. Mas como o pensador ocupa as quatrocentas páginas de sua obra no demonstrar que em apenas um século de vida livre chegamos à completa *degradação moral, política e financeira*, o leitor sai do livro com esta mirífica lição nos miolos: quanto mais inteligente e sensato um povo, tanto menos capaz de organização e progresso.

2º – *Somos o país mais rico do mundo* (poetas, jornalistas, patriotas, mensagens governamentais etc.).

3º – *O Brasil é o único país, além do Japão, que jamais foi vencido em guerra* (didatas, oradores de Recreativas, mulatos pernósticos etc.).

Em palestras, conferências, *meetings*, polianteias, artigos de fundo, revistas de agricultura, livros escolares e hinos da Guarda Nacional, tais dogmas, lardeados de comovidas ufanias pelas demais maravilhas da nossa terra, impam solenes, com ares comiserados pelo resto do mundo – esse miserável resto do planeta que não tem a sorte de ser Brasil.

Cardumes de poetas menores – desses para quem em sua *República* Platão legislava: *Coroai-os de rosas e expulsai-os* – por sua vez puseram em verso a grande ilusão, de modo a perpetuá-la pela mnemônica da rima e do metro na cabeça fraca do povo.

O povo, ingênuo que é, decorou a sério o agradável estribilho da riqueza sem par, da inteligência primacial e da invencibilidade parelha da nipônica; e consequente com o ensinado assumiu uma atitude lógica: papo ao ar em sorridente lombeira. Se somos assim ricos, e geniais, e invencíveis, gozemo-nos disso em doce *otium cum dignitate*, é lógico.

Por seu lado a política sarcoptosa, interessada na sonolência budista do povo, entrou a confirmar oficialmente a miragem, por meio da velhaca literatura dos relatórios oficiais ambrosíacos e das mensagens nectarinas. E dessa falseada visão das coisas advieram males sem conta.

Hoje, graças à pressão da evidência, cada qual já procura ver com os próprios olhos, convencido de que entre as flores da retórica e os frutos da realidade corre séria discrepância.

Riqueza. Tê-la no seio da terra, no azoto do ar, nas essências florestais, na literatura cor-de-rosa e não tê-la sonante no bolso é ser nababo à moda do chinês em transe megalomaníaco de sonho de ópio. A noção econômica de riqueza, desde Adam Smith, é um poucochinho diversa – a mesma diversidade que vai da *palavra* libra esterlina à *rodelinha* amarela chamada libra esterlina.

Inteligência. O grau da inteligência individual ou coletiva mede-se em toda parte pelos efeitos resultantes; uma que não consegue na vida nacional senão efeitos desastrosos e grotescos bem pode ser que mereça um nome diverso, senão oposto. Não nos deu ela, sequer, esses elementos primordiais da vida das coletividades: administração eficiente e justiça.

Nas demais manifestações, letras, artes e ciência, ainda não criou coisa nenhuma; sempre satelitante, qual lua morta, em torno dos movimentos europeus, copia-lhes com servilismo a letra sem nunca assimilar o espírito.

O *nosce te ipsum*, preceito fundamental do progresso, pedra básica de toda criação social e individual, não o praticamos ainda: a fauna mentirosa dos panegiristas vigentes prova como nos conhecemos pouco.

Só agora é que o instinto de conservação, reagindo em face de perigos dia a dia mais sérios, começa a nos entreabrir os olhos.

Damos a impressão de um povo que estremunha no despertar dum longo sono de ópio. Já principiamos a nos estudar *in anima nobile*, medrosos, tatibitates, ainda às apalpadelas no caminho penhascoso da observação direta e pessoal.

O ponto de partida deste movimento entronca em Oswaldo Cruz.

A escolha desse homem para chefe da higiene no Rio foi o maior passo, talvez o único, dado pelo país durante a República para arrancar-se ao atoleiro onde lentamente afundava. O acaso permitiu que, em vez de um burocrata desinfetador e papelífero, penetrasse na administração um homem de gênio servido por um temperamento de organizador. Esse fato teve uma altíssima significação mal percebida no momento: era o moderno espírito científico a tomar pé no país do palavreado oco.

Uma era nova se abria sem que déssemos tento: a verdadeira significação dos fatos só pode ser avaliada depois que a corrente das consequências, no estirar dos anos, permite a visão perspectiva.

Até Oswaldo o médico no Brasil era o Chernoviz: xaropes, iodureto e a continha. Curava – quando não matava. Prevenir, nunca. O higienismo dormia o sono das crisálidas, apesar do movimento científico universal determinado pelas teorias pasteurianas.

Pasteur descobrira um como novo reino da natureza, o bacterial, ponto de convergência, confusão e elaboração dos três reinos clássicos – mundo novo até ali apenas vislumbrado intuitivamente pela metafísica duns tantos precursores proféticos. Pasteur revelara o que por imagem chamaremos a teoria atômica da vida, esse esfervilhar invisível de vibriões que fazem e desfazem os organismos superiores, transportam o orgânico para o inorgânico e elaboram a matéria morta para a criação da matéria viva. Mundo maravilhoso do suprassensível, onde a microssociedade de invisíveis anõezinhos belicosos faz do nosso corpo um eterno campo de batalha e transforma as pobres criaturas humanas em loucos, luéticos, tuberculosos, lázaros, leishmânicos, tíficos, papudos, paralíticos, afásicos, tracomatosos, cretinos, coléricos etc.; e mata-as nas agonias horrendas do tétano ou lhes transforma a vida num calvário longo de misérias, conforme vence esta ou aquela facção, o espiroqueta pálido ou o bacilo de Hansen, uma leishmânia ou o gonococo, o *trypanosoma cruzi* ou a vírgula do cólera.

Aberta por Pasteur a devassa microrgânica, todas as ciências filiadas à biologia desentranharam-se em maravilhosos surtos, das mais variadas e portentosas consequências.

Inaugurou-se para a humanidade uma era nova; a era dum novo sentido, a ultravisão.

E a higiene nasceu.

Só o Brasil, desaparelhado cientificamente como uma China antártica, permanecia de lado, combatendo seus males caseiros com as velhas seringações empíricas daquele doutor Purgon de Molière. Foi Oswaldo Cruz quem varreu com a seringa, com o lenço de rapé, com a cartola do mata-sano, e entronizou no lugar dessas râncidas antigalhas o laboratório e o microscópio.

Na Europa, ao gesto de Pasteur, uma legião de sábios verdadeiros formou fileira em torno das suas ideias. Aqui, em torno de Oswaldo, um pugilo de estudiosos se cerrou em Manguinhos, cheios do mesmo ardor apostólico.

O que em tão curto prazo operaram esses heroicos moços nunca será louvado em excesso.

Oswaldo, Gaspar Viana, Chagas, Neiva, Lutz, Astrogildo, Chaves, Vilela e Belisário Pena fizeram num lustro o que a legião de chernovizantes anteriores não fez num século.

Não que sejam criaturas de exceção, gênios incendidos de faúlas divinas; mas simplesmente porque, aparelhados com os métodos modernos, trabalharam norteados pelo seguro critério pasteuriano.

Esse método, essa ideia nova, tão fecunda em resultados, que anima todos os filhos de Pasteur, qual é ele afinal?

Define-o uma anedota.

Quando o governo francês incumbiu Pasteur de investigar as causas de certa moléstia do bicho-da-seda, o modesto farmacêutico transportou-se para a zona infectada e ali parou na cidadezinha obscura onde residia o insigne Henri Fabre. O entomologista recebeu o desconhecido Pasteur com a lhaneza habitual e, ouvindo de sua boca ao que vinha, mostrou-lhe uns casulos contaminados, por acaso ao alcance de sua mão.

Pasteur fez cara de quem enxergava aquilo pela primeira vez.

– Que diabo é isto? – perguntou.

– Pois é o casulo que você vem estudar – retrucou Fabre, espantado de tamanha ingenuidade.

Pasteur examinou-os por uns momentos.

– É interessante! – disse chocalhando o casulo ao ouvido, num movimento de criança: – *Ça sonne*!

Ignorava completamente o objeto do estudo para o qual fora comissionado. Não obstante, concluído este, a moléstia que ameaçava arruinar a zona da seda era subjugada para sempre.

Eis o segredo.

É mister abordar os problemas com absoluta isenção de ânimo, limpo de ideias preconcebidas, de espírito partidário, de facciosidade de escola, de sentimentalismo pueril; é força começar do princípio, não interpor entre o caso em foco e o sólido preparo técnico do cientista nenhum apriorismo perversor.

O verdadeiro sábio não emite opinião: consulta o laboratório e repete o que o laboratório diz, sem enfeite nem torção.

É com esse espírito novo que havemos de estudar e resolver os nossos problemas – e este espírito por enquanto só se denuncia em Manguinhos.

O povo, cretinizado pela miséria orgânica de mãos dadas à mistificação republicana, olha em torno e só vê luz no farol erguido por Oswaldo num recanto sereno do Rio. Só de lá tem vindo, e só de lá há de vir, a verdade que salva e vence. Foi de lá que reboou esse veementíssimo brado de angústia que é o livro de Belisário Pena – *O saneamento do Brasil* –, voz de sábio que escama ao vivo as mazelas do país idiotizado, exangue, leishmanioso, papudo, faminto na proporção de 80%, e grito de indignação dum homem de bem contra a ftiríase organizada em sistema político que rói com fúria acarina o pobre organismo inânime.

Dezessete milhões de opilados

Computam alguns estatistas em 25 milhões de habitantes a população do Brasil. Destes 25 milhões, dezessete milhões são criaturas derreadas no físico e no moral pela ancilostomose, caso não errem os cálculos de Manguinhos que fixam nas alturas dos 70% a proporção dos brasileiros avariados por essa calamidade.

Mal da terra, denominou-o com muita propriedade o povo, que também o conhece por *cangoari, opilação, amarelão*. É bem o mal por excelência da terra brasílica um que assim inutiliza dois terços de seus filhos...

Donde provém semelhante flagelo?

Dois parasitos intestinais, o *Necator americanus* e o *Ancilostoma duodenale*, irmãos morfológicos a ponto de se confundirem, aboletaram-se no duodeno do homem como em casa sua. Ali passam a vida em famílias de um macho para três fêmeas, ocupados na faina de perpetuar a execrável espécie.

Não existe ser mais bem aparelhado para a sobrevivência do que este ascoroso verme. Cada fêmea dá-se ao trabalho de pôr em média seis mil ovos por dia, e como é por milheiros que vivem penduradas na mucosa de um pobre intestino, cada doente funciona como um oviduto, uma indireta máquina de lançar ovos, com as fezes, à superfície da terra. Em contato com a terra estes ovos amadurecem, e 25 horas depois, completada a incubação, salta fora do ovo a ninfa.

Se o vibrião recém-nascido encontra condições propícias – e entre nós encontra sempre o calor e a umidade requeridos – enquista-se numa casca protetora e deixa-se ficar ao léu, nas poças d'água ou nos lugares sombrios, à espera dum pé incauto a que possa aderir.

A invasão do organismo humano se faz pela boca, na ingestão de alimentos contaminados, ou através da pele; e é sobretudo em altíssima escala feita através da pele dos pés. Aderem a ela e enfiam-se por um poro adentro até ganhar o primeiro canal linfático. E por essa via acima, em viagem de Júlio Verne pelo corpo humano, caminham, guiados por maravilhoso instinto, até se localizarem no duodeno, em cuja mucosa se aposentam comodamente, ferrando nela a ventosa armada de garras. E ali passam regalada vida, sorvendo o sangue do paciente e exsudando em troca uma toxina de terríveis efeitos.

Este verme dá a perfeita imagem dos parasitas sociais que se acostam ao Estado e em lânguido ócio mamam a vida inteira o sangue-dinheiro elaborado pelas classes produtoras. O funcionário público aposentado pode classificar-se com exação no gênero *Ancilostoma aerarii*, sem que lhe façamos nenhum favor.

O ciclo do ancilóstomo é, pois, este: mucosa intestinal como hábitat do indivíduo adulto; em estado de ovo desce pelo intestino grosso e de lá se passa à terra, carreado nas fezes; uma vez na terra, desabrocha em ninfa; a ninfa adapta-se ao ambiente e espera com infinita paciência o "pé no chão" da ingênua criatura feita à imagem e semelhança de Deus que lhe passa ao alcance; encontrado esse pé propício, a ninfa ri-se do rei da Criação, finca-se num poro e penetra no corpo do rei por escaninhos e portas de seu conhecimento instintivo, até alcançar a Canaã do duodeno, onde se aposenta com todos os vencimentos, entregue à tarefa agradável de botar ovos aos milheiros para que não haja hipótese de periclitar a sobrevivência da espécie.

Não têm conta os males causados no organismo humano pelo horrendo verme. A permanente sugadela de sangue traz logo profunda anemia; a hemoglobina, cuja proporção normal no sangue é de 80%, cai até abaixo de 20%; os preciosos glóbulos vermelhos são destruídos em massa, decaindo do coeficiente normal de cinco milhões por milímetro cúbico para a miséria de um milhão e ainda menos. De par com estas, outras alterações sofre o sangue, as quais se refletem na economia do paciente, redundando em baixa do seu tônus vital, enfraquecendo a defesa natural do organismo e predispondo-o à invasão vitoriosa de todas as doenças. E ainda inclina o opilado ao vício da cachaça, lenitivo a que recorre para contrabater a permanente sensação de frio que o desequilíbrio sanguíneo acarreta.

Se ficasse nisso...

A inteligência do amarelado atrofia-se, e a triste criatura vira um soturno urupê humano, incapaz de ação, incapaz de vontade, incapaz de progresso.

Retrato do nosso caboclo quem o dá perfeito, com fidelidade fotográfica, é o médico ao desenhar o quadro clínico do ancilostomado. Tudo mais é mentira, retórica, verso. Esses heroicos sertanejos, fortes e generosos, evolução literária dos índios plutárquicos de Alencar; essa caipirinha arisca, faces cor de jambo, pés lépidos de veada, carne dura de pêssego: licenças bucólicas de poetas jamais saídos das cidades grandes.

O que nos campos a gente vê, deambulando pelas estradas com ar abobado, é um lamentável náufrago da fisiologia, a que chamamos homem por escassez de sinonímia. Feiíssimo, torto, amarelo, cansado, exangue, faminto, fatalista, geófago – viveiro ambulante do verme destruidor.

Do lado feminino é a mulher sem idade, macilenta aos 12 anos, velha aos 16, engrovinhada aos 20, múmia aos 30 e, como o homem, ocupada na tarefa de abrigar carinhosamente no seio a fauna infernal.

Milhões de criaturas humanas com a função social adstrita à veiculação das posturas do ancilóstomo! Um país com dois terços do seu povo ocupados em pôr ovos alheios!

Em consequência da escravização do homem ao verme jaz o país em andrajosa miséria econômica, resultante natural da miséria fisiológica. E os paredros do litoral, luminares da política, os sumos pontífices da intelectualidade, espinoteiam, zaranzas, na tentativa de fisgar soluções puramente formalísticas, sem contato nenhum com as realidades cruas.

Uns, para exterminar os males que decorrem desta lepra do duodeno... querem a revisão constitucional! Basta mudar umas palavras ao artigo sexto, botar mais dois anos no período do presidente, e ai do ancilóstomo!

Outro, feminista, quer reforma do sufrágio com direito de voto estendido às opiladas.

Este convence as massas de que, vestindo farda obrigatória, o doente do Brasil sara. Aquele proclama como panaceia das boas o parlamentarismo.

E com tantos médicos o país continua na faina sem fim de ciclar o todo-poderoso verme!...

Entretanto, se é assim destruidor o parasito em causa, nada mais fácil do que combatê-lo.

Bastam apenas duas coisas: defender os pés contra a infecção pelo uso dos sapatos e evitar a infecção pelo uso da fossa.

Facílimo e dificílimo.

Como calçar este país, único no mundo, fora as populações selvagens da África, que ainda anda de pé no chão?

Como inocular na inteligência bruxuleante do povo a necessidade da fossa?

Seria uma tarefa talhada às câmaras municipais e aos inspetores de bairro – em contato direto como vivem eles com a gente assolada. Mas de que modo convencer a um coronel prefeito de câmara, ou tenente inspetor de quarteirão, da existência, vida, costumes e atividade de um verme que ele não vê? Estes espíritos fortes só creem no que seus olhos enxergam...

Disto resulta dificílima a extinção dum mal de facílima extinção.

Não obstante "é preciso" extirpá-lo.

A permanência do mal equivale a um suicídio coletivo – nem sequer heroico, da beleza trágica dum sabre a rasgar o ventre dum samurai, mas suicídio lento e indecoroso, coisa degradante que transforma esta grande paragem sul-americana em hospital ao ar livre, povoado de cretinoides encachaçados, a lamuriar dor na "boca do estômago" e cansaço. Suicídio em massa de milhões de criaturas que no seio duma natureza forte e rica songamongam rotas, esquálidas, famintas, doridas, incapazes de trabalho eficiente, servindo apenas de pedestal aos gozadores da vida que literatejam e politicalham nas cidades bradando para o "interior" inânime:

– Indolentes! Vede como prospera o italiano e o português!

E o governo, por boca do facundo chefe da Produção Nacional, insere nas folhas proclamações onde se repete o estribilho:

– Trabalhai, plantai, lavrai a terra desde a madrugada até o pôr do sol!

Os escravos do verme – dezessete milhões de criaturas! – ouvem as apóstrofes com indiferença muçulmana e continuam na tarefa de intensificar a produção de ovos alheios, para glória imperitura dos nematoides.

Há longos anos que é assim.

Ninguém clamava.

Foi mister que nascesse Oswaldo Cruz, que Oswaldo fundasse Manguinhos, que Manguinhos reunisse em seu seio uma plêiade de estudiosos, e que dentre eles Belisário Pena desferisse um grito lancinante de angústia para que afinal volvêssemos para os males caseiros os olhos há tantos anos postos nas coisas europeias.

Ah, se o Brasil que fala e pensa e age consagrasse ao estudo e solução dos problemas internos um décimo das energias despendidas em comentar os fatos europeus...

Mas é impossível isso. Não há tempo, nem é chique. O chique é meditar nos destinos da Alsácia-Lorena...

Três milhões de idiotas

O nosso tipo de habitação rural não varia de norte a sul. Paredes de pau a pique ripadas de taquara, barreadas a mão e colmadas de sapé, palmas ou cascas de árvore. O barro ao secar contrai-se e lagarteia-se de inumeráveis rachaduras – couto propício à ninhação de insetos domiciliários.

É nessas rachas que mora o barbeiro, nojento percevejo tamanho como a barata, conhecido ainda por *chupão, chupança, bicho-de-parede, bicudo* ou, cientificamente, *Triatoma megista*.

Bebedor do sangue do homem e de outros animais, o horripilante inseto noturno sai com as trevas da sua toca, aproxima-se das vítimas, distende o "fincão" – tromba sugadora de fio navalhante –, espeta-o na carne do adormecido e suga-lhe o sangue até cair para um lado de pantura cheia. Vivendo às centenas em cada casebre, ninguém lhes escapa à sanha. Belisário Pena conta que certa vez apanhou em flagrante delito de sucção, no corpo de uma pobre criança de 4 anos, dezesseis ninfas, taludas como baratas descascadas, e oito barbeiros adultos, além de mais cinco que, fartos, já se aprestavam pesadamente para voltar ao esconderijo. Cada um deles sugando para mais de um grama de sangue, e alternando-se na vampírica tarefa, é fácil imaginar o quanto perdia de sangue por noite essa criança – essa criança que não é "uma" criança, mas *a criança do sertão brasileiro...*

Ora acontece que nos intestinos deste asqueroso bicho, o *Trypanosoma cruzi*, parasito da moléstia de Chagas, vive, evolui e prolifera; e dali, através da tromba sugadora, passa-se ao corpo humano no momento da picada.

A criatura mordida e inoculada pelo tripanosoma é uma criatura perdida para sempre, tomando-se além disso um novo e perigoso foco de propagação da moléstia.

Vem logo a febre, que persiste durante dias e até meses: é o parasito que está vagueante na corrente circulatória. Depois, conforme se localiza nas fibras musculares do coração, na substância nervosa ou nas glândulas secretoras, a vítima apresentará ou gravíssimos sintomas de mortais perturbações cardíacas, ou paralisias, deformações e cretinismo, ou vários fenômenos de endocrinismo.

Quando a localização se dá na glândula tireoide surge a papeira, com o seu horrível cortejo de reflexos encefálicos, manifestados numa escala de depressões mentais oscilantes entre o simples aparvalhamento e o cretinismo completo.

O estudo deste flagelo, cuja etiologia devemos inteira a Carlos Chagas, abre à visão o monstruoso quadro patológico que ele entrevera na paisagem rude dos sertões à guisa de um círculo inédito do Dante.

Regiões inteiras assoladas. Parte de Minas, do Piauí, do Maranhão, de Mato Grosso, da Bahia agonizando nas unhas de um inseto!

Três milhões – três milhões! – de criaturas atoladas na mais lúgubre miséria mental e fisiológica por artes de um baratão!

Crianças dizimadas em massa – e felizes quando morrem; se vingam crescer, dão de si um rastolho humano de sórdido aspecto, que "atenta", diz Chagas, "contra a beleza da vida e a harmonia das coisas".

Vilas inteiras nas quais nem para amostra se encontra um indivíduo indene.

Em regiões de bom clima, terra fértil e boas águas, a expedição Neiva-Belisário acampou em cidadezinhas onde não foi possível obter uma informação segura relativa ao itinerário, porque não existia *um só indivíduo que não fosse mais ou menos idiota!*

Nessas pocilgas humanas, faltas de tudo, desde os elementos básicos da alimentação até as mais comezinhas noções de higiene, a vida é puramente vegetativa, sem beleza, sem dignidade, sem risos – um soturno e eterno gemido de dor transfeito no ríctus apavorante da idiotia.

E pensar a gente que as vítimas do tripanosoma orçam, nos cálculos de Carlos Chagas, por três milhões – três milhões! Uma população pouco menor do que a do estado de São Paulo!

Três milhões de quantidades negativas, incapazes de produzir, roendo, famintas, as sobras da produção alheia – e o que é pior, condenadas ao mau fado de viveiros do parasito letal para que bem assegurada fique a futura e permanente contaminação dos sadios...

No entanto, as autoridades não movem passo; os literatos das capitais bizantinizam sobre a colocação dos pronomes e outras maravilhas; poetas a granel gastam todas as reservas fosfóricas na metrificação de umas mágoas de mentira e de uns amorezinhos de esquina; estetas de olho ferrado na França auscultam o pulsar do coração latino para fisgar de primeira mão a "nova corrente em via de substituir o parnasianismo"; políticos armam e desarmam casos, requerem *habeas corpus*, eructando com grande riqueza de RR roçagantes a avariada palavra República.

Um olhar, uma medida, uma campanha contra o grande mal, nisso ninguém cuida. Não há tempo, não há verba...

E o mal cresce...

Deste deperecimento progressivo da população deflui nosso craque econômico. As lavouras organizadas, como a do café, entanguem-se no desespero da falta de braços, mal se interrompe a corrente da imigração europeia.

Braços! Braços! Há fome de braços. Um país de 25 milhões de habitantes não consegue fornecer braços para a lavoura do café, lavoura que *produz menos que uma das grandes empresas açucareiras de Cuba.*

É que os braços estão aleijados.

Há-os de sobra, mas ineficientes, de músculos roídos pela infecção parasitária, o que obriga a lavoura ao ônus indireto de importar músculos europeus, ou chins, ou japoneses – o que haja, contanto que seja carne sadia e não fibras em decomposição.

Entretanto, a solução definitiva do problema eterno da lavoura quem a dará é a higiene.

Suprimindo a ancilostomose, ela restituirá à faina fecunda dos campos dezessete milhões de aleijados; destruindo o barbeiro, ela evitará que os três milhões de idiotas e papudos de hoje venham a ser seis milhões amanhã.

Os existentes ir-se-ão extinguindo – pois a moléstia de Chagas é incurável –, mas as gerações futuras estarão libertas do flagelo.

Disto se conclui que a República dos Estados Unidos do Brasil é um gigantesco hospital que em vez de lidado por enfermeiros é dirigido por bacharéis. E conclui-se ainda que é tempo de os sofistas de profissão cederem o passo aos cientistas de verdade.

É ridículo e, mais que ridículo, fatal, permanecer uma enfermaria desta ordem coalhada de legistas discutindo chicanas à cabeceira de milhões de entrevados.

O bacharel no Brasil faliu.

Dominando sem peias na política e na administração, não conseguiu organizar sequer a justiça. Vive a lamuriar de juízes, tribunais e leis, da justiça em suma, uma coisa criada por ele, que funciona por intermédio dele, para uso, gozo e proveito dele – e no entanto positivamente falida.

Manguinhos, nos seus poucos anos de existência, mal dotado pelos bacharéis da governança com verbinhas choradas, resmungadas, ratinhadas às gordas maroteiras, com meia dúzia de estudiosos lá dentro animados pelo espírito criador de Oswaldo Cruz, Manguinhos já fez mais pelo Brasil do que um século inteiro de bacharelice onipotente.

A salvação está lá.

De lá tem vindo, vem e virá a verdade que salva – essa verdade científica que sai nua de arrebiques do campo do microscópio, como a verdade antiga saía do poço.

Foi esse espírito científico que fez todas as nações prosperadas, e aqui já nos libertou das grandes epidemias. Só ele nos libertará dos males endêmicos, mil vezes mais funestos.

Que é a febre amarela, ou a peste bubônica, em face da malária, da opilação, do flagelo de Chagas? Quase nada. Mas vê-se, acode-se, previne-se, evita-se, domina-se um *morbus* que ataca violentamente mil; não há olhos, não há prevenção, não há tentativa de profilaxia para o mal que sub-repticiamente arrasa milhões.

Fala-se hoje em pátria mais do que nunca. Jamais o dispêndio de hinos, versos, conferências, artigos, livros, boletins e discursos patrióticos foi maior. No fundo de tudo isso, porém, está a retórica vã, a mentira, a ignorância das verdadeiras necessidades do país.

Programa patriótico, e mais que patriótico, humano, só há um: sanear o Brasil.

Guerra com a Alemanha só há uma: sanear o Brasil.

Reforma eleitoral só há uma: sanear o Brasil.

Fomento da produção só há um: sanear o Brasil.

Campanha cívica só há uma: sanear o Brasil.

Serviço militar obrigatório só há um: sanear o Brasil.

E saneá-lo antes que o estrangeiro venha fazê-lo por conta e proveito próprios.

Se tencionamos subsistir como povo soberano, livres do pesadelo de ignominiosa absorção, o caminho é um só: sanear o Brasil.

Por instinto de conservação, é força pois que o bacharel – *Triatoma bacalaureatus* – entregue o cetro da governança ao higienista, para que este, aliado ao engenheiro, conserte a máquina brasílica, desengonçada pela ignorância enciclopédica do rubim.

Dez milhões de impaludados

O Brasil é o país mais rico do mundo, diz com entono o Pangloss indígena. Em parasitos hematófagos transmissores de moléstias letais – conclui Manguinhos.

E é.

Não bastava o ancilóstomo. Não bastava o barbeiro. Vem completar a trindade infernal o anofelino, mosquito que veicula o hematozoário de Laveran, pai da malária.

Este microrganismo aloja-se nos glóbulos vermelhos do sangue e os destrói; aloja-se ainda no baço, no fígado e no encéfalo, produzindo as inchações bem conhecidas e os acessos perniciosos em que periodicamente tremem dez milhões de criaturas nossas patrícias. (Hão de achar exagerados estes cálculos. Mas justificam-se. Na falta de estatística exata, só há recurso às autoridades. Para a população do país valho-me da de Rui Barbosa, que a calculou em 25 milhões. Para o cálculo dos palúdicos recorro à de Manguinhos, que orça a proporção dos doentes em 40%. Rui e Manguinhos são indubitavelmente duas boas autoridades.)

Assim, na terra paradisíaca onde dezessete milhões de criaturas vivem para uso e gozo do ancilóstomo e três milhões pagam pesado tributo de sangue, de vida e de inteligência a um miserável percevejo, dez milhões tiritam na febre consuntora do impaludismo. Para alcançar tais números é força que a maioria dos doentes abrigue simultaneamente no organismo os três hóspedes letais. E é o que se dá.

A malária, depois da ancilostomose, é a maior responsável pela degradação fisiológica do povo brasileiro. Ela o anemia, engorgita-lhe o fígado e o baço – mata-o.

O agente transmissor é o *anofelino*, um mosquito irmão do pernilongo caseiro, *culicídeo*, esse importuno músico do *fiun* que nos manteve sob a flagelação amarílica até o aparecimento de Oswaldo Cruz.

Divergem, entretanto, nos hábitos e em certas particularidades morfológicas. O culicídeo pousa encolhido, abdômen e cabeça baixos, em atitude de beata que reza. O anofelino enrista o abdômen para cima, no jeito de um obuseiro que joga por elevação. Além disso distingue-os inconfundivelmente o aspecto da asa, que o primeiro tem de uma só cor e o segundo manchada.

O anofelino é silvestre, vive no sombrio das matas, foge ao descampado e à luz. Os machos, fracos de tromba, não conseguem perfurar a pele do homem, e por isso vivem do mel das flores e do suco das frutas. Já as fêmeas desadoram esse vegetarianismo, querem sangue e de preferência sangue humano. Para isso invadem as habitações e o sugam nas pessoas adormecidas.

Até aí nada.

Todos os seres organizam o seu cardápio como lhes apraz, e eles comem do homem com o mesmo direito com que o homem come do boi.

Mas o sangue do homem nem sempre é alimento sadio, alterado como anda por tantas infecções morbíferas. Se acontece estar contaminado pelo *plasmódio da malária*, as pobres fêmeas dos anofelinos incautas veem-se contaminadas por sua vez. Os hematozoários aboletam-se nos seus intestinos, ali evoluem e proliferam por milhões, deixando-as maleitosas; e as mosquitas, inocentemente, sem nenhuma tenção malévola, ao sugarem o sangue de um indivíduo são transmitem-lhe de boa-fé o mal que lhes pegou o homem.

Destarte é ao rei da criação, senhor da Inteligência e da Vontade, que compete, para libertar o mundo da terrível endemia malárica, evitar por todos os meios a contaminação dos corpinhos limpos dos anofelinos. É mister conservá-los puros da mácula palúdica. Se deixa de o fazer – ai dele! –, pagará caríssimo o desleixo.

Eis como se faz o transporte do corpúsculo palustre de uma criatura para outra, por acidental intervenção duma mimosa cantarina alada.

Para combater o hematozoário de Laveran de há muito que a ciência possui um específico poderoso, a quina. O plasmódio não resiste à ação do alcaloide de Pelletier. O tudo é que o sal de quinina ingerido o seja de fato, e não sórdida e criminosa falsificação como acontece muitas vezes. E é necessário ainda que ele penetre no organismo na dose requerida pela posologia, pois do contrário o parasito não expungido pelo arranque da ofensiva inicial inventa o seu Marne, escora o inimigo, sexua-se em gametos de alta resistência ou entrincheira-se no baço e na medula dos ossos, recessos fora do alcance tóxico do alcaloide.

A profilaxia da malária é a mesma da febre amarela. Na impossibilidade em que está o homem de destruir por completo o mosquito sanguinário, só há o recurso de evitá-lo, interpondo, nas zonas rurais, um aceiro escampo entre a casa e o mato; e nas casas urbanas isolando os doentes. Em ambos os casos a providência é a mesma – isolamento, embora obtido por meios diversos.

Além dessa medida, toda profilática, inda cumpre provocar a cura por meio da quina. Para o combate à malária são, pois, necessárias a quina e a higiene preventiva, coisas que não possuímos.

O Brasil não tem quina. O fato de existirem nas farmácias sais de quinino por preços fabulosos, numa terra de pobreza onde o impaludado chia de fome, vale por não ter quina.

País tropical sem quina é país perdido.

O inglês vence a palude indiana à custa de toneladas de quinino. Sem que o Estado, como lá, chame a si a fabricação e distribuição, positivamente gratuita, do poderoso específico, nada conseguiremos nunca.

Felizmente parece que – graças ainda ao espírito de Oswaldo Cruz pairante no ânimo de seus discípulos – o governo de São Paulo tomou a peito realizar no Butantan o fabrico do remédio salvador.

Bem haja.

Dote-se o laboratório com metade das verbas gastas em subvenção de jornais, e o Butantan salvará o país inteiro da infecção palustre.

Das três endemias pavorosas que fazem do Brasil uma nação pobre, aparvalhada e fragílima, se nem todas são curáveis, são todas evitáveis.

Mas é doloroso dizê-lo: as coisas estão por este nível e ninguém, fora do círculo restrito dos discípulos de Oswaldo, põe tento na gravidade da situação.

Os governos digerem e engordam, alheios à mazela da montaria embridada.

A parte culta da sociedade folga e ri, fazendo lembrar Bizâncio.

Lá também era assim.

Maomé II já desfraldava o pavilhão da meia-lua nos muros da cidade e os bizantinos ainda disputavam gravemente sobre a Consubstanciação do Verbo ou a Luz Incriada do Tabor.

Nós plagiamos o Baixo Império na agonia.

Meio país em tremura de sezões, inchado, pálido, inerte, faminto, pede quina como o torturado da sede pede água?

O governo dá-lhes novas reformas eleitorais.

Dezessete milhões de criaturas exangues, languentes na canseira sem fim do amarelão, erguem olhos mortiços para o Olimpo, pedindo misericórdia?

Júpiter, Momo, Ganimedes sorriem e dão-lhes os conselhos paternais do Vieira Souto: "Trabalhai desde o romper da aurora até o pôr do sol!".

Três milhões de embarbeirados, vergada a cabeça ao peso das papeiras, sorriem o sorriso doloroso dos cretinoides?

As sociedades recreativas discutem qual o maior – César, Alexandre ou Foch.

A leishmaniose ulcera horripilantemente a cara de milheiros de irmãos miseráveis?

Nós debatemos a colocação dos pronomes.

A lepra campeia avassaladora, encaroçando as carnes e putrefazendo em vida centenas de indivíduos?

Nós cantamos *ragtimes* patrióticos.

Legiões de criancinhas morrem como bichos, de fome e de verminose?

Nós abrimos subscrições para restaurar bibliotecas belgas.

A mulher dos campos mumifica-se de miséria aos 20 anos?

As damas da cidade five-ó-clocktizam em francês, nos Trianons e nas Cavés, mostrando umas às outras fotografias dos *poilus* de que elas são madrinhas.

– "É do regime, é do regime" – explica alegremente o senhor Rodolfo Miranda.

Diagnóstico

De par com os três flagelos endêmicos, a opilação, a malária e a moléstia de Chagas, uma só das quais bastaria para derrancar o país, a lepra campeia infrene, a sífilis alarga os seus domínios, a tuberculose avulta cada vez mais e a leishmaniose, essa horrenda úlcera de Bauru ou ferida brava, deforma milhares de criaturas.

A sífilis é contrabatida nas cidades pela medicação específica que lhe atalha o passo ou minora os efeitos; mas no sertão, nesse maravilhoso sertão preluzido na mioleira dos poetas como um éden embalsamado de manacás, quem lida com ela é o negro velho ignorantíssimo, e o pica-fumo "curador".

O treponema pálido, afeito a lutar com o mercúrio e os arsenicais terríveis, ri-se das micagens e rezas, burundangas e picumãs e jasmins-de-cachorro dos ingênuos Eusébios Macários de barba rala. Ri-se, e em vez de paradeiro encontra fomento na absoluta inocuidade da terapêutica pé no chão. A sífilis difunde-se, portanto, assustadoramente, sem peias, sem cura, sem prevenção possível, arrasando o presente e sacrificando o porvir.

É grande parte na espantosa mortandade das crianças.

As mulheres da roça são puras máquinas de procriar; começam a tarefa mais cedo que as da cidade, em regra aos 12 anos, e só descansam quando sobrevém "pane" nas engrenagens do aparelho reprodutor.

Não obstante, a população aumenta com morosidade extrema. É que nascem mortos, ou morrem na primeira idade, a grande maioria dos infantes.

Nada mais comum que este diálogo:
– Quantos filhos tem, dona?
– Duas famílias.
– E quantas perdeu?
– Oito...

Oito, dez, doze – sempre um número em absurda desproporção com o dos sobrevivos.

Embora múltiplas as causas desta letalidade, cabe à sífilis a culpa maior.

Se a estas mazelas sertanejas agregarmos o quadro da degenerescência fisiológica determinada pela cachaça, ficará completo o hediondo painel.

A cachaça!

É inimaginável a degradação a que ela arrasta milhões de roceiros, pobre gente que a ela recorre como ao único lenitivo.

Desnutridos pela parca e má alimentação, afriorentados pelas sezões, exaustos pela ancilostomose, deprimidos de espírito pelo tripanosoma, sem raio de instrução na cabeça, escravizados pelo "graúdo", a cachaça é o oásis de esquecimento momentâneo onde a miseranda criatura repousa da vida infernal. Em troca dessa ilusão passageira a vítima não sabe que dá ao veneno da cana as últimas energias do combalido organismo. E a diabólica bebida para logo a derreia na demência, no crime ou no agravamento dos males a que por intermédio dela procurou fugir.

O encachaçado esquece – e esquecer a realidade, fugir dela por uns momentos: eis a preocupação constante de milhões de brasileiros!

Em todos os países do mundo as populações rurais constituem o cerne das nacionalidades. Taurinos, torrados de sol, enrijados pela vida sadia ao ar livre, os camponeses, pela sua robustez e saúde, constituem a melhor riqueza das nações. São a força, são o futuro, são a garantia biológica dos grupos étnicos. Pela capacidade de trabalho, mantêm eles sempre elevado o nível da produção econômica; pela saúde física, mantêm em alta o índice biológico da raça, pois é com o sangue e o músculo forte do camponês que os centros urbanos retemperam a sua vitalidade.

O urbanismo é um mal nocivo à espécie humana. Os vícios, o artificialismo, o afastamento da vida natural, o ar impuro, a moradia anti-higiênica se conjugam para romper o equilíbrio orgânico do homem citadino, rebaixando-lhe o tônus vital. Mas o campo intervém e restaura-se o equilíbrio. A infiltração permanente de sangue e carne de boa têmpera, vinda dos campos, contrabalança o desmedramento das cidades.

É possível entre nós pedir à roça o sangue revitalizador? Não.

O elemento rural é pior que o urbano. As nossas cidades se veem forçadas a *importar sangue de fora*, se querem escapar ao marasmo duma senectude extemporânea.

No interior do Brasil as cidades que se não retemperam ao modo das de São Paulo caem na mais desalentadora caquexia. Os homens minguam de corpo, as mulheres são um rastolho raquítico incapaz de bem desempenhar sequer a missão reprodutora.

Belisário Pena transcreve no seu precioso livro um trecho tomado a um editorial do *Correio da Manhã*, onde se esculpe, num sombrio rigorismo de síntese, o diagnóstico da situação: "O Brasil é um país de doentes no sentido literal da expressão. A nossa miséria financeira e econômica é o reflexo da desnutrição orgânica que converte a maioria dos nossos concidadãos em inúteis unidades sociais, incapazes de concorrer com a quota do seu esforço para o aumento da riqueza comum. A nossa incapacidade militar é o resultado sintético da fraqueza física de uma enorme população rural estiolada pelos germes da moléstia. A nossa falta de energia moral é o precipitado ético da deterioração cerebral e nervosa de um povo inválido".

Não há homem de boa-fé, conhecedor do país, que pondo a mão na consciência não murmure: "Confere!" E se não o faz, mente.

Pois bem: se assim é, a missão comum e geral, tanto de particulares como de governos, é uma só: curar o Brasil, sanear o Brasil.

Todo programa de ação que não adotar este lema será um programa criminoso.

Em face dum moribundo, o médico que lhe acena com literatura, ou reformas eleitorais, ou cantarolas, em vez de acudir com o tópico adequado, é um criminoso.

E criminoso da pior espécie, porque consciente e deliberado.

Depois dos estudos de Carlos Chagas, Artur Neiva, Oswaldo Cruz, e depois das veementíssimas palavras de Belisário Pena, governo nenhum, nenhuma associação, nenhuma liga pode alegar ignorância.

O véu foi levantado. O microscópio falou.

A fauna mentirosa dos apologistas que veem ouro no que é amarelo e luz na simples fosforescência pútrida que recolha os safados adjetivões que velaram durante tanto tempo os olhos da nação.

Pangloss emudeça, porque se a tarefa é assoberbante hoje, será maior amanhã – e impossível depois de amanhã.

Comecemos.

O simples ato de começar representa meio caminho andado.

O quinto país do mundo em tamanho a cair aos pedaços, de verminosa lazeira, vendo, ao norte, o maravilhoso surto americano e, ao sul, a pujante floração argentina. E, para suprema vergonha e desdouro eterno do nome brasílico, com a consciência de que desmedrou arrastado por males evitáveis ou de fácil cura. Males de que todos os países de mesologia semelhante se libertaram pela profilática inteligente, com lentidão uns, com rapidez fulgurante outros.

Aí está Cuba, a pobre ilha degradada em rápida consumpção por moléstias irmãs das nossas e que em poucos anos, ao influxo da higiene norte-americana, virou a maravilha que todos sabemos.

Reflexos morais

No corpo são a mente é sã.
Este conceito acarreta recíproca verdadeira: em corpo doente, impossível um espírito são.

Quem ausculta o sentir íntimo dum brasileiro, seja um puritano ou um velhaco, ouve sempre os mesmos conceitos: não há salvação – estamos condenados ao deperecimento – apodrecemos antes de amadurecer – o caráter está em crise – governar é roubar, e fazem eles muito bem – tolo é quem não aproveita – honestidade é sinônimo de ingenuidade – se vamos à garra mais dia menos dia, viva o presente! – grande tolice pensar no futuro – depois de mim venha o dilúvio – gozemo-nos do que há enquanto isto é nosso – o desmembramento está aí, toca a aproveitar etc.

A súmula desses conceitos converge nesta ideia sintética: falimos como povo, como raça – e falimos moral, intelectual e fisicamente.

Esta convicção, inoculada na maioria dos espíritos, proclamada pela imprensa e confirmada pela preamar crescente das nossas lazeiras políticas, cria, como atitude filosófica, o ceticismo completo, e como norma prática de conduta o mais deslavado oportunismo.

Daí o "Para quê?" erigido em argumento navalhante contra todas as tentativas de regeneração.

Trabalhar... Para quê?
Votar... Para quê?

Sanear... Para quê?

Prejulgamos antecipadamente todos os movimentos de reação: "É inútil".

Este doloroso estado de alma que é senão o reflexo depressivo das mazelas fisiológicas em roaz evolução no organismo da nossa gente?

Otimismo, fé, crença, confiança em si e dignidade, amor, firmeza de ânimo, vontade enérgica: outras tantas resultantes lógicas da boa circulação do sangue, das glândulas em normalidade de funcionamento, dos pulmões sadios bem oxigenados de ar puro.

Pessimismo, desânimo, descrença, desamor: sintomas de que o animal está com o ritmo da vida rompido por graves lesões orgânicas.

Assim, todos os males, morais, econômicos e políticos, vão enclavinhar raízes na desmedrança fisiológica da população empolgada pelas endemias avassaladoras.

Nota-se nas consciências puras uma revolta geral contra a degradação política do regime republicano – mas cifra-se a revolta num murmúrio medroso e encapotado.

Esta desenergia deu em resultado a retração absoluta dos incontaminados pelo arrivismo, e é o arrivista que vence em toda a linha.

Os pais vacilam hoje em educar os filhos nos princípios da velha moral – porque isso fará deles náufragos da vida. E vacilam em formá-los pela moral corrente – porque isso é criar deliberadamente puros apaches.

Os pais *nouveau-jeu* têm o problema ético resolvido: ensinam o servilismo, a bajulação, a dobrez, todos os capítulos da ginástica vertebral elegantemente disfarçadas em *savoir faire*. Os pimpolhos assim treinados prosperam na vida, alcandoram-se logo às eminências políticas onde permanecem inexpugnáveis. São os vitoriosos. Mas se o pai é *vieux-jeu* e persiste na educação antiga, ensinando a honra, o brio, a independência de caráter, o *honeste vivere*, os filhos desse modo plasmados só encontrarão barreiras, não tomarão jamais parte ativa na governança e viverão condenados a um eterno ostracismo. Cabe-lhes a parte do náufrago.

Como é assim, a maioria dos pais, imprensados entre as pontas do dilema, desistem de educar moralmente os filhos: lá se avenham eles com a vida, aprendam à custa própria, reajam ou adaptem-se conforme os induza o temperamento.

É o lavar de mãos de Pilatos.

Disso resulta uma resistência social cada vez mais fraca diante dos abusos da força política. Os seus detentores, incoactos por injunções morais internas, não se veem coagidos externamente por nenhuma sombra de resistência.

E ousam tudo!

O Brasil é a terra onde um parafuso qualquer da máquina governamental, prefeito de Câmara ou ministro de Estado, tem o direito de "ousar tudo", escudado pela mais completa irresponsabilidade.

Na Alemanha, um particular obtém sentença contra o *kronprinz*; aqui há estados onde um tribunal não ousa agir contra um porteiro de repartição que tenha pelas costas o apoio de um primo da sogra de um ministro.

A política virou assim um privilégio restrito com feroz exclusivismo à casta dos mais audaciosos amorais.

É outro fenômeno social consorciado ao estudo patológico da nação.

Sendo a tendência ao parasitismo uma lei biológica, a planta, o inseto ou o animal superior, quando vingam dominar um ser mais fraco, cavalga-o, suga-o e escraviza-o para uso e gozo próprios. É da natureza, e por isso é irrisório deblaterar contra o parasita. Ele realiza a lei da sobrevivência com o mínimo esforço.

Não é imoral o mata-pau quando se encosta por uma árvore acima, constringe-lhe o tronco nos cíngulos estrangulatórios, atrofia-a e mata-a.

Mas é imoral a árvore que assaltada não defende o seu direito à vida.

Não é imoral o ato do tubarão humano que se guinda a um alto cargo político e lá se locupleta, a si e à sua camarilha.

Imoral é o subjugado que se deixa espoliar sem um gesto de reação.

O primeiro obedece a uma lei: viver, desenvolver-se em toda a plenitude, seja porque meio for. Mas o segundo, fugindo à lei da luta, mente ao instinto de conservação e aniquila a moral, que não é senão o equilíbrio rítmico necessário à vida em sociedade.

Entre nós está rompido esse equilíbrio por influxo do estado da doença que enerva a população. O que goza de saúde empolga, monta e suga o doente.

Aparasita-se.

Se o parasitado é dócil à sucção, por que poupar-lhe o sangue?

Foi esta resignada atitude da montaria que deu asas ao parasitismo político, a ponto de, hoje, *fazer conta à casta que se goza da República a permanência da mazela popular.*

Eis por que as doenças se agravam sem que os governos das zonas flageladas esbocem contra elas um movimento de reação.

Tornaram-se aliados naturais, os parasitas internos e os externos.

A maioria dos nossos paredros sabe que eles não seriam coisa nenhuma se lhes não emprestasse força a aliança do ancilóstomo e do barbeiro.

A ação dos anofelinos é o pedestal de muito sumo pontífice republicano; sem eles, ai deles e da sua República!

Eis aí a trave maior oposta à ideia do saneamento, ideia que só será vitoriosa em uma ou outra zona privilegiada do país.

* * *

Quem conhece a roça há de ter visto alguma vez um animal atacado de qualquer doença consumptora. Se é observador, há de ter notado os milhões de piolhos e carrapatos que encaroçam a pele do doente. Magríssimo, semimorto, todo pele e ossos, mal se tenteando em pé, o animal não tem forças para espojar-se e deixa que a piolheira o devore sossegadamente.

Mas intervém o veterinário, examina o doente e lhe dá a medicação certa. O animal logo que sente o renascer das forças espoja-se na terra, uma, duas, cem vezes, até alijar do couro toda a fauna de piolhos.

Com os países acontece o mesmo. Se caem marasmados pela doença e não podem reagir contra a fauna dos ácaros sociais que os parasitam, se não têm forças para o espojar-se das revoluções, acabarão às moscas, devorados como o cavalo de Tolentino.

Quereis remendar um país assim? Restaurar-lhe as finanças? Dar-lhe independência econômica? Implantar a justiça? Intensificar a produção? Criar o civismo? Restabelecer a vida moral?

Restaurai a saúde do povo.

Curai-o, e todos os bens virão ao seu tempo pela natural reação do organismo vitalizado.

Mas não conteis para essa tarefa com os que têm interesse na permanência do mal. Que isso é tanto como diante do cavalo moribundo apresentar-se o veterinário com um abaixo-assinado na mão, suplicando aos piolhos que hajam por bem soltar das unhas o paciente. Só a ingenuidade de Cacasseno pode conceber a hipótese altruística de semelhante abdicação.

Está claro que os parasitas, ouvida a súplica, prometem deferimento; mas piscam o olho e voltam a cravar mais fundo na carne da vítima as trombas sugadoras.

— Mata-pau, não me mates — dizia a peroba ao gameleiro constritor.

— E por que, perobinha amiga, te não hei de matar? — respondeu o facínora vegetal.

— Porque também tenho direito à vida — gemeu a suplicante.

O mata-pau, sujeito lido em Darwin, retrucou sentenciosamente:

— Só tem direito à vida quem não mente às leis naturais, quem se defende, quem luta. Se és inerme e não esboças gesto de defesa contra mim, por que hei de privar-me de crescer e prosperar à tua custa? Impede-me de estrangular-te, se podes; do contrário, resigna-te.

Nesta réplica está a norma de reação do país contra o ancilóstomo, contra o tripanosoma, contra o protozoário de Laveran, contra o treponema pálido, contra o bacilo de Hansen, contra a leishmânia tropical e, sobretudo, contra o ácaro político.

Primeiro passo

No indivíduo enfermo o primeiro passo rumo à cura é de ordem puramente psicológica: há de o doente convencer-se de que o é. Na tísica, doente convencido de seu mal é doente meio curado.

Esta convicção, entretanto, não é coisa assim fácil de conseguir, dados os óbices que lhe antepõe a renitente autoilusão do enfermo.

Ninguém se conhece, filosofa o povo – e Cristo fala do sujeito que vê o argueiro no olho do vizinho e não enxerga o pau de lenha no seu.

Se é dessarte tendenciosa a natureza humana, agrava-se-lhe o vicioso pendor no caso de um enfermo em quebreira mental por força de mazelas fisiológicas. Ilude-se o são, mas ilude-se em tresdobro o doente.

Quando, agora, saltamos do caso individual para o caso coletivo, recrescem os obstáculos ao *nosce te ipsum*, e resulta dificílimo criar a consciência coletiva do estado patológico de todo um povo.

Entre nós as ideias falsas relativas às nossas coisas vingam sempre ofuscar a verdade; e como a moeda má expele a boa, as ideias falsas mantêm no ostracismo suas rivais verdadeiras.

E a ilusão funesta se perpetua.

Vem de longe o vezo ditirâmbico dos mistagogos que oficiam no altar de Pangloss a eterna apoteose de Rocha Pita.

Voltaire, quando no *Candide* caricaturou o otimismo imaculado de Leibniz, teve em mira destroçá-lo a lambadas de ridículo. Mas ao invés disso só conseguiu dar-lhe mais vida.

Pangloss é uma ameba que se reproduz por cissiparidade. Um pedacinho dele voou para cá, cruzou-se em caminho com o célebre Conselheiro Acácio e deu origem à panglossite indígena, vigente e viçante.

Mal surge alguém, como agora Belisário Pena, de facho em punho para estraçoar a feixes de luz o véu de trevas sobreposto às mazelas caseiras, acodem em chusma esses "patriotas", zumbem em torno da verdade, enroscam-se-lhe nos cabelos e mordiscam-na cruelmente, tentando escorraçá-la para o célebre poço.

Constituem a fauna bem-intencionada da mentira pia, preposta a recoser todos os rasgõezinhos perceptíveis no véu inconsútil da Ufania.

Para isso desenrolam do carretelão patriótico a linha rósea da ilusão e com a agulha do velho estilo Pita remendam o nhanduti que esconde o sol. Procuram dessarte restabelecer o ambiente embalsamado pelo incenso que as ideias megalomaníacas criam a partir da escola.

Porque é na escola que a mentira pia começa.

A criança, no período em que a cera mole do cérebro recebe sem reservas e guarda indeléveis todas as impresssões recebidas, aprende que somos o povo por excelência, o mais rico, o mais belo, o mais florido, o mais todos os bons adjetivos do léxico.

Fora da escola, sem hábito de observação pessoal – porque o brasileiro é amigo de ingerir ideias feitas, assadas no jornal, como quem ingere bolinhos de frigideira –, continua a consolidar-se o pitismo inoculado, por meio de conferências, discursos, polianteias, artigos de fundo e mais modos de queimar fogos de Bengala.

Os jornais tomam parte graúda nessa consolidação da apoteose.

Transcrevem com as mais gordas entrelinhas da caixa quanta bajoujice amável nos impingem estrangeiros itinerantes (em troca de secretas gorjetas espirradas do Tesouro). Estampam, gloriosos, em telegramas, as maravilhas que por encomenda dizem de nós as celebridades espertalhonas, tão conhecedoras das nossas coisas como nós o somos das leis eleitorais do planeta Netuno.

O público, desconhecedor dos bastidores da publicidade e da gorda indústria que é lá fora deprimir o Brasil para provocar o suborno, e depois do suborno guindá-lo aos cornos da lua, presta fé ingênua à indecorosa adjetivação e impa, positivamente impa, de orgulho ante as "curvaturas da Europa".

E vai se perpetuando a ilusão funesta...

O primeiro passo, pois, para o saneamento do Brasil, consiste em matar esta ilusão, desprezar a opinião do suborno externo e a mentira pia interna, não mais soprar gaitinhas patrióticas, não ser otimista nem pessimista – polos do mesmo erro – e sim, pura, sincera e exclusivamente, verdadeiros.

Ver o que é, como é.

Examinar os problemas vitais com olho clínico e não com a ponta da língua jornalística.

Encomendar opiniões ao microscópio e não ao senhor Paul Adam.

Ouvir a voz do laboratório e nunca a chiadeira do patriotismo zarolho.

Pedir números à estatística e jamais adjetivos sonorosos às patativas chocadas do ovo botado por Pangloss.

Acoimam de antipatriota quem diz às claras o que é, o que está, o que urge fazer.

Patriotismo! Como anda esta palavra desviada do verdadeiro sentido!...

Patriota só o é quem cumpre o seu dever, e trabalha, e produz riqueza material ou mental, e funciona como a silenciosa madrépora na construção econômica e ética do seu país.

A esta hora milhões de verdadeiros patriotas lá estão no eito, porejantes de suor, na faina da limpa e do plantio. Febrentos de maleita, exaustos pelo amarelão, espezinhados pelo ácaro político, lá estão cavando a terra como podem, desajudados de tudo, sem instrução, sem saúde, sem gozo da mais elementar justiça. Estão "fazendo" patriotismo, embora desconheçam a palavra pátria.

Deles sai o café, pedra básica do nosso alicerce econômico, deles saem as manadas de gado, deles saem a borracha, o fumo, o cacau e tudo mais que, exportado, transfeito em ouro, vai encher os bolsos e regalar a vida dos que "falam" patriotismo.

Seminus, malnutridos, na grande maioria doentes de males que só aos seus espoliadores compete prevenir, eles são o pólipo humilde que fez o que aí está. Se o que aí está não é melhor, nem maior, nem mais sério e decente do que devera ser, culpa cabe somente a quem lhes carunchou o banco de coral com a parlapatice retórica de mãos dadas à velhacaria política.

Mal, porém, vibra no ar a voz do higienista denunciando a doença do pólipo, a legião de patriotas grifados entra a zumbir e corre de peneirinha em punho a tapar a luz do sol.

E gritam: "É falta de patriotismo fazer diagnósticos claros. Nem todas as verdades se dizem. O que pensará de nós o estrangeiro?".

Cretinos!

A eterna mania da opinião europeia!

Numa ocasião como esta em que a voz sensata, sincera, verdadeiramente patriótica é desvendar as mazelas todas, escarná-las sem nenhum pudor, na tentativa de ver se, assim, envergonhados pela nudez na praça pública, os dirigentes dão um passo para a cura do enfermo, o grande argumento contra, a matraca, o obus 42, é a opinião do estrangeiro, é o pânico ante a possibilidade da meia dúzia de encomiastas europeus mudarem de ideia quanto ao paraíso antártico que eles enaltecem a tanto por adjetivo!

Ora, isto já é doença, e talvez que o sintoma grave por excelência da opilação e da maleita seja precisamente este reflexo cerebral. A mioleira ressentida dos males intestinais fraqueia e exsuda ideias assim grotescas.

O nosso problema, verificado que foi o mau estado da população nativa, é simples e uno: sanear. Para sanear é forçoso, preliminarmente, convencermos o país da sua doença; e em seguida fazer dessa ideia o programa de todos os governos, a ideia fixa de todos os particulares.

Tudo mais rola para plano secundário.

Sanear é a grande questão.

Não há problema nacional que se não entrose nesse.

Só a alta crescente do índice da saúde coletiva trará a solução do problema econômico, do problema imigratório, do problema financeiro, do problema militar e do problema político.

Não fazer isso é condenar-nos ao papel de adubo inerme onde a flora alienígena afunda as raízes ávidas, para viçar e florir nos regalos da conquista pacífica.

Não fazer isso é morrer na lenta asfixia da absorção estrangeira.

Não fazer isso é apodrecer.

Déficit econômico, função do déficit da saúde

Nos últimos dias do ano transato, o senhor Cincinato Braga apresentou à Câmara um projeto relativo ao fomento da produção, precedido de vigoroso estudo da nossa situação econômica, o qual terminava assim: *"Amanhã, quando uma comissão estrangeira vier arrecadar, como na Turquia, a renda das nossas alfândegas, já hipotecadas a credores que a guerra vai tornando necessitados e quase famintos; amanhã, quando a ignorância e a pobreza, impregnadas da sensação de abandono em que deixamos os estados do Norte, lhes aconselharem qualquer desatino contra a unidade nacional, eu quero, diante de qualquer dessas desgraças evitáveis – de que Deus nos livre – sentir em minha consciência que para elas nunca concorri, nem por ação nem por omissão".*

Felizes os que podem fazer o gesto de Pilatos!

Esse estudo não dizia novidades; impressionou, entretanto, pela clareza do método expositivo. Espelho de bom aço, o país pôde remirar nele a penúria econômico-financeira a que o reduziram estes ofenbáquicos 29 anos de Cassoulet republicano. Está ali patente, bem arabescado, bem cortado, rico de colorido, o quadro apavorante da nossa caquexia econômica – da pátria opilada pelo ancilóstomo de barrete frígio que a salva pelo duodeno.

Lido na Câmara a 30 de dezembro, circulou no país como um presente de festas. A verdade nuazinha é sempre o melhor presente de festa que se possa dar aos iludidos.

Naquele quadro, nós, tão ricos na voz dos apologistas, vemo-nos economicamente pobres, e financeiramente pior que isso, mendicantes.

Como país produtor, decaídos para o raquitismo; como país devedor, de cabeça baixa, assentados nos degraus humildes onde os perdulários com o relógio no prego pedincham *fundings*.

Enquanto Cuba exporta por habitante 413 mil-réis, e o Canadá 392 mil-réis, e a Argentina 248 mil-réis, e o Uruguai 196 mil-réis, e a Nicarágua 126 mil-réis, e o Chile 121 mil-réis, nós, o colosso, nós, os oito milhões de quilômetros quadrados, nós, os 25 milhões de brasileiros, nós, que vamos do Amazonas ao Prata, nós produzimos apenas... 39 mil miseráveis réis! Menos, só dois países na América: o Paraguai, a quem matamos na guerra todos os homens, e São Salvador, brasilzinho que ninguém sabe ao certo onde fica. E se do Brasil amputarmos São Paulo, o resto – um resto somando "apenas" 21 milhões de almas esparsas num território tamanho como a França, a Inglaterra, a Alemanha, a Itália, a Holanda e a Rússia europeia reunidas, com folga ainda para acomodar dentro umas tantas Bélgicas, o resto cairá na escala abaixo do sangrado Paraguai e do hipotético São Salvador.

O Brasil, São Paulo fora, exporta por cabeça 23 mil-réis anuais. Sessenta e quatro réis, três vinténs e pico por dia de 24 horas...

Desta caquexia econômica ressurte o monstro do déficit financeiro permanente, crescente e irredutível, o abutre que rói ao Prometeu o fígado e as vísceras circunvizinhas.

Vem dela a dívida externa, colossal em relação à penúria produtiva; vem dela o regime iterativo das moratórias, o pedinchamento sem-fim de empréstimos e a consequente hipoteca de alfândegas e de todos os bens valiosos do patrimônio nacional. Vem dela o criminoso saque contra o futuro, levado a proporções incompatíveis com a permanência da soberania.

Tudo quanto o paciente trabalho da Monarquia acumulou em 50 anos de vida séria jaz virtualmente alienado ao judeu inglês.

E não contentes com isso os geniais e honradíssimos estadistas republicanos penhoraram o suor, o cabelo e o sangue dos nossos filhos, dos nossos netos e dos filhos dos nossos netos.

Cincinato Braga demonstrou que o Brasil exporta, média do decênio findo em 1916, 57 milhões esterlinos; e que despende, nas mesmas condições, para pagamento de mercadorias, juros de dívida, renda de capitais aqui localizados, remessa monetária de imigrantes, seguros etc., a quantia de 72 milhões de libras. Quer isso dizer que nós nos empobrecemos de 300 mil contos por ano!

As rendas públicas, como reflexo disso, decrescem. Para mantê-las em nível os nossos geniais *Laws* aumentam os impostos e tomam o dinheiro que podem aos judeus. Estes no-lo forneceram até à soma de 3 milhões e meio de contos, dando por essas alturas o basta. Fechada a porta de Shylock, os mesmos estadistas, criadores do imposto de exportação, romperam pela alquimia do papel-moeda adentro, contraindo novos empréstimos internos, e estes forçados: o prestamista *malgré lui*, o Povo, vê chover sobre sua cabeça a nuvem de retângulos de papel gravados na Bank-Note. Cada retângulo é uma promessa de pagamento, uma letra a prazo indeterminado e sem endosso, irmã dos célebres *assignats* da Revolução Francesa, apesar de não vir, como eles, garantida por bens nacionais.

Os bens nacionais reservamo-los para os credores de fora, que os exigem ferozmente; os de dentro, coitadinhos, não piam, não tugem, não mugem.

Onde reside a verdadeira causa desta caquexia?

Na doença do povo.

O déficit financeiro é reflexo do déficit econômico.

O déficit econômico é reflexo do déficit da saúde.

Sem restaurar a saúde do povo não há solução possível para os efeitos mediatos e imediatos da doença.

A população rural, esteio que é da riqueza pública, força primária da indústria extrativa, fonte de onde tudo promana, quanto mais doente se torna menos eficiente na produção de riqueza é.

Se está carunchada pelas verminoses e exangue pela sucção dos parasitas endêmicos, o edifício construído sobre ela claro que há de ruir.

Opilada, impaludada, tracomatosa, embarbeirada, roída de inteligentíssimos vermes por dentro e sugada no exterior por ineptos coronéis prepostos como manoplas estranguladoras no gasnete da vítima pelo bacharel político – triatoma por tabela que folga e ri nas capitais –, essa gente opera prodígios produzindo o pouco que ainda produz.

Curá-la é salvar o país.

Foi grande coisa arrancar o Rio às unhas da febre amarela. Mas é coisa um bocadinho mais importante desopilar, desembarbeirar, desmaleitar os milhões e milhões de criaturas de cujo esforço muscular sai toda a riqueza da nação.

Se o brasileiro produz seis vezes menos que o argentino é que o argentino é seis vezes menos doente que o brasileiro.

O problema da riqueza pública, pois, liga-se ao da saúde do povo. Mas diante deste lúgubre estado de coisas como procedem os geniais estadistas da República?

Detentores da máquina governamental, senhores das rendas, da fabricação das leis, da força armada que as faz cumprir, luminares da ciência política, paredros da sociologia, cérebros da nação, curaram algum dia de examinar e medicar a alimária trôpega que os transporta?

Nunca!

O pária rural morre à míngua do mais elementar apoio por parte do seu cavalgante. Dão-lhe de esporas, e nos momentos de apuros, como nos de hoje, dão-lhe conselhos impressos em papelão com desenho de boizinhos no cabeçalho.

"Intensifiquemos a produção" – murmuram nos cartazes, e em seguida fotografam-se na atitude cansada de quem acabou de solver um magno problema.

As endemias crescem de vulto, meio país arrasta-se pelo chão tremendo sezões, bamboleando o papo, enxameando a terra de anciióstomos? Os higienistas clamam com desespero? Surge um livro como o de Belisário Pena? Correm arrepios de horror em todas as consciências?

Os nossos estadistas enfarpelam-se, sacodem fora o pigarro e... fotografam-se de novo.

Metade da verba despendida pelo Tesouro a fim de perpetuar fotograficamente as efígies dos paredros republicanos daria para extirpar de meio país a opilação.

Com os 10 mil contos gastos no recenseamento Hermes, para recensear nunca se soube o quê, a maleita seria expungida de inúmeras zonas assoladas.

Com os 40 mil contos das vilas operárias, adeus para sempre ao barbeiro.

Com os 12 mil contos do Teatro Municipal do Rio, mais os 13 mil da exposição Pena, mais os 60 mil dos elefantes brancos, mais os 500 mil da duplicação da Central, mais o milhão fundido na cauda dos orçamentos para gáudio das políticas locais – com esse Pactolo escorrido às tontas, criminosamente, que obra gigantesca não se faria no Brasil se os nossos estadistas fossem dotados do mais elementar bom-senso?

Noticiam as folhas que o governo federal, por boca do seu presidente, impressionado com a exposição feita pelo senhor Belisário Pena, prometeu uma verba de mil contos como auxílio à obra empreendida pelo abnegado higienista.

Mil contos! Já é alguma coisa...

Sempre cabem 50 réis para cada duodeno afetado. Esta quantia, reduzida a timol, dá para matar pelo menos uma dúzia de anciióstomos dos três milheiros que, em média, cada doente traz consigo. Os 2.988 ancilóstomos restantes ficarão aguardando verba...

Cumpre agora que os estados enveredem pela mesma trilha, e com generosidade parelha da federal contribuam com verbas suficientes à expugnação de, pelo menos, mais meia dúzia de parasitas.

Nessa toada em menos de duzentos anos estará o Brasil libertado de uma das suas endemias, podendo cuidar das outras com igual largueza de vistas.

Entrementes, fotografemo-nos[1].

É vantajoso que os nossos netos e bisnetos, aos quais vamos legar tantos ônus, possuam bons documentos do aspecto somático do homem em florescência e frutificação na atualidade.

Sem essa documentação fotográfica, como poderiam mais tarde concluir dos atos praticados pelos seus avós que pertenciam eles ao gênero *Homo sapiens*, culminante na escala dos vertebrados?

---

[1] *Todas as revistas em papel glacé daqueles tempos eram sustentadas por meio da publicação semanal de instantâneos da gente do governo. Nunca entre nós a fotografia prosperou tanto. Nota do autor.*

Um fato

Anos atrás um grupo de frades agricultores, vindos da França, fundou a Trappa Maristella à beira do Paraíba, no Tremembé.

Impressionava mal a população ribeirinha ali fixada. Os caracteres somáticos da normalidade humana apresentavam nela desvios depressivos – donde uma singular feiura. Concomitantemente, o moral padecia as consequências reflexas do mau corpo – donde uma singular apatia.

Derramada lado a lado daquelas águas mansas, vivejando no casebre clássico de sapé e lama, feito com menos arte que o ninho do joão-de-barro, essa gente pálida e cansada sugeria a imagem dos urupês silenciosos que no sombrio das matas auscultam com suas orelhas moles a lenta consumpção dos troncos podres.

Entaliscavam-nos na várzea úmida e malsã duas barreiras. De um lado, a via férrea. A pressa, a lufa-lufa de um trem que chega, chia e parte, os silvos agudos, o italiano, a gente bem-vestida – esta faixa de vida fumegante que a estrada de ferro cria por onde passa, opunha a sudoeste uma barragem aterrorizante ao piraquara. Tudo nela eram lesões dolorosas ao seu viver sossegado, ao silêncio a que afizera o ouvido, ao primitivismo lacustre da vida nas restingas inundáveis.

Do outro lado amedrontava-o a Mantiqueira, com seus caminhos íngremes escalados de caldeirões, os topes "cala a boca" e a vida serrana, exigente nas mínimas coisas de um esforço duplo do habitual no plaino.

Serra e Central o piraquara as queria de longe, para gozo dos olhos – azulegão grato à vista, penacho de fumo bom para distrair o olhar vadio. Negócios, porém, nem com uma nem com outra.

Dava-lhes subsistência o rio. Com o anzol dele tiravam a piabanha e o lambari, e com o covo apanhavam, nos afluentes, cardumes de curimbatás.

Quando sobrevinham grandes enchentes, ilhavam-se os seus casebres, muitos armados sobre estacas, como a habitação do homem lacustre.

Escorrida a água na vasante, os piraquaras coavam por peneira as poças lodacentas da lezíria. Era o apogeu da safra. Encambado em cipós, os piraquaras contentes, em trotinho picado, traziam o peixe colhido para as vilas. Fora disso teciam balaios e jacás, e mercavam coisas do mato, ingás aos molhos, maracujás às pencas, guembês picantes, orquídeas em flor e barba-de-pau no tempo dos presepes.

De lavoura, nada.

Parasitas do rio e da lezíria, olhavam as fazendas com horror, e daí, na boca dos fazendeiros, a sua má fama de indolentes. Indolentes e ruins, incapazes, restolho de gente, lesmões humanos. Era unânime esta opinião na lavoura circunjacente, caída em modorra por falta de braços.

Desorganizadas pelo 13 de Maio e desprovidas de colonos italianos, as ricas fazendas de outrora, em penúria de músculos, apelavam em vão para os urumbevas ribeirinhos. O piraquara não dava de si nenhum trabalho compensador, ainda quando armado da melhor boa vontade. Não valem o que comem – dizia todo mundo.

Mas vieram os frades.

Instalados ali, procuraram solver a premente questão do braço. Sem campo para escolha, resolveram pegar no homem que havia, a título de experiência.

Em vez, porém, de tomá-lo como o encontravam, alquebrado pela má alimentação, pela má habitação, roído pelo anciclóstomo exaustivo, e pô-lo na enxada com o feitor atrás, tiveram a luminosa ideia de proceder às avessas: primeiro atocharam-lhe a fibra com alimentação abundante; depois abrigaram-no em casas higiênicas construídas em lugares secos e os curaram nos limites do possível.

Resultado: uma ressurreição.

Das carcaças opiladas onde morrinhava a indolência do pobre Jeca Tatu, saiu, pelo equilíbrio alimentar, um homem resistente; pela cura das mazelas, um homem ativo; pela noção do relativo conforto, um homem sedentário, que "parava" na fazenda e criava amor à faina agrícola.

As faculdades cerebrais beneficiando-se logo com os reflexos da saúde, foi possível ensinar-lhes as mil coisas necessárias a um bom operário; foi possível discipliná-los; foi possível adaptá-los ao maquinário agrícola.

Breve, graças à inteligência da solução dada ao problema, pôde a Trappa movimentar toda a sua enorme exploração arrozeira, a mais aperfeiçoada que existe no estado, fazendo funcionar as mais modernas máquinas de lavrar, plantar, ceifar. Como resultado surgiu logo uma produção de quinze a vinte mil sacas de arroz, extraídas de uma terra que vivia a monte, por meio de músculos definitivamente classificados pela opinião geral como equivalentes a zero.

Este exemplo é frisante.

Mostra o caminho a seguir, e mostra o erro dos nossos governos em nunca levarem em conta, para solucionar o problema do trabalho agrícola, a parte da higiene.

A política adotada nesse pormenor sempre foi irmã da política financeira – tomar empréstimos de músculos europeus.

Faltou-nos o estadista de visão bastante lúcida para apreender este outro modo de obter braços: a restauração pelo saneamento dos milhões que temos em casa, incapacitados para o trabalho por força de males curáveis e evitáveis.

O exemplo da Trappa ensina-nos que o saneamento vale por avultada corrente imigratória. É mister, curando-o, valorizar o homem da terra, largado até aqui no mais criminoso abandono.

Curá-lo é criar riqueza.

É estabelecer os verdadeiros alicerces da nossa restauração econômica e financeira.

Sem que revertam à atividade milhões de criaturas aposentadas, e sem aumentar a eficiência das que, apesar de ativas, dão de si apenas uma fração do esforço normal das criaturas sadias, sem transfazer em quantidades positivas o que vai por aí de quantidades negativas – peso morto, estéril e, além disso, oneroso para os demais – nunca nos arrancaremos ao atoleiro do déficit econômico e males consequentes.

A nossa gente rural possui ótimas qualidades de resistência e adaptação. É boa por índole, meiga e dócil. O pobre caipira é positivamente um homem como o italiano, o português, o espanhol.

Mas é um homem em estado latente.

Possui dentro de si grande riqueza em forças. Mas força em estado de possibilidade.

E é assim porque está amarrado pela ignorância e falta de assistência às terríveis endemias que lhe depauperam o sangue, caquetizam o corpo e atrofiam o espírito.

O caipira não "é" assim. "Está" assim.

Curado, recuperará o lugar a que faz jus no concerto etnológico.

O caso da Trappa é concludente.

Mostra como em brevíssimos anos se opera nele uma verdadeira ressurreição física e mental, se lhe acudimos com o remédio inteligente, e mostra ainda como a riqueza surge, larga e farta, quando a boa organização o toma sob o seu pálio.

Ora, num momento destes, em que a chacina europia destrói aquele excedente de população donde nos vinha o caudal de braços, é condição de vida para o país atender ao apelo da lavoura, fornecendo-lhe em vez dos chins propostos, trabalhadores nacionais restaurados nas suas energias pela cura e pela higiene.

Um chim fica-nos, segundo o cálculo do ministro da Agricultura, em 2 contos de réis, um chim que lá na China vale 20 piastras a peso.

Com 2 contos reduzidos a assistência profilática ou a medicamentos, quantos caboclos assolados pela ancilostomose ou pela maleita não reverterão à atividade?

Talvez que da guerra resulte mais este benefício – o aproveitamento do músculo de casa, até agora ao léu, pela facilidade que havia em importar músculo exótico.

Aconteceu isso com o carvão nacional.

Se se der o mesmo com músculo nacional, teremos extraído da guerra um benefício de consequências incalculáveis. Talvez o maior de todos...

A fraude bromatológica

O problema da saúde cinde-se em dois ramos – restaurá-la nos que a têm combalida e conservá-la nos que a têm perfeita. Divergentes quanto aos meios, ambos convergem para o mesmo fim: a saúde pública. Um zela do problema, outro precavê o futuro. Como o presente somos nós – e a nós dói, é mais compreensível o desleixo pelo futuro do que a falta de assistência ao presente.

Entretanto, parece que a nós nada dói.

Parece que presente e futuro são inexistências de igual valia. A crosta de insensibilidade que nos faz sacudir os ombros quando está em causa a saúde de nossos filhos – pois que o futuro quer dizer isso – é a mesma que nos entrega indefesos ao mal do momento. Os calos nos fazem de pau.

São Paulo, cidade havida como modelar em matéria de defesa sanitária, e onde realmente muito se fez, São Paulo que é a exceção buzinada aos quatro ventos, São Paulo traz brechas tremendas na sua armadura profilática.

Não quanto aos inimigos microscópicos em eterna tocaia aos centros urbanos para desencadearem ofensivas mal se ofereçam oportunidades. Mas quanto aos inimigos visíveis, ao micróbio bípede que baseia a sua prosperidade econômica no engenhoso envenenamento dos incautos.

Se por uns minutos nos detemos na observação do "a bolsa e a saúde" corrente, apavora o nosso estado de absoluto desaparelhamento defensivo.

A grande indústria do momento é o veneno.

O *nouveau riche* é o falsificador.

Temos códigos e leis artilhados contra eles – mas códigos e leis que lembram os dragões de papelão construídos pelos chineses para amedrontar o inimigo. Esses dragões, vomitando chamas de zarcão, seguiam na frente das tropas; se o inimigo, apavorado, debandava, muito que bem, era a vitória. Mas o inimigo, nada ingênuo, nunca debandava e a China só conheceu derrotas.

Temos códigos dragões e leis que vomitam o fogo das penalidades; entretanto, como o falsificador sabe que o código é dragão chinês e o fogo das penalidades é puro "fogo pintado", a classe prolifera, cresce de vulto e de insolência – e sorri, piscando o olho, se alguma vez o monstro lhe arreganha a dentuça. Sabem eles o segredo de transformar a fera em manso cordeiro de veludo...

Era assim o falsificador, antes da guerra. Depois, com a escassez da mercadoria importada e os altos preços alcançados pela que consegue entrar, e também pela produção indígena, ficou assim: gordo, soberano.

A lepra cresceu como maré. Raro é o dia em que não rebenta nos jornais um caso de falsificação.

Cada falsificador tem à sua cauda uma coorte de advogados administrativos, prepostos a inutilizar a ação dos poderes públicos, porque não há melhor negócio do que defender um falsificador. Gente que paga bem!

Inda ontem explodiu o caso das banhas saídas para a França. Foram condenadas enormes partidas por conterem de 17 a 30% de água. Sabido como é que o máximo de impureza tolerado pelos regulamentos franceses é de 0,5 a 1%, ressalta logo a miserável exploração que o caso denuncia. Ora, a banha que para lá tem ido será melhor, pior é que não é que a que consumimos cá. Veja o povo como o espoliam, este pobre povo que ainda conta com a eficácia de leis sarrafaçadas com truculência de dragão, para inglês ver. Quem interrogar os nossos laboratórios de análises químicas sairá deles descrente de tudo, do homem e das leis.

O laboratório dirá que as banhas em giro no comércio, além dessa porcentagem fantástica de água, encerram ainda de 1 a 2% de membranas e sebo, pelos e terra.

Dirá que os óleos bateram todos os recordes da adulteração criminosa. O óleo de linhaça é óleo de algodão bruto com querosene e breu, de onde resulta descascarem-se as pinturas com ele feitas. O óleo de amêndoas, vendido em latas e vidros sem marca, é extraído do amendoim. O óleo de rícino compõe-se por metade de óleo de algodão. O óleo de oliva, para uso culinário, só tem da oliva a marca fraudulentamente estampada nas latas: é óleo de algodão.

As nossas crianças chupam balas coloridas com tintas minerais nocivas à saúde e comem chocolate onde a manteiga é substituída por margarina de algodão.

A marmelada é feita de chuchu, banana podre, um sexto de marmelo e tinta de urucu.

A goiabada segue a trilha da sua irmã.

O açúcar mascavo traz de 3 a 5% de areia, resíduos de bagaço, além de alta porcentagem de mel de tanque – glicose nociva. O açúcar refinado é composto com um terço de açúcar cristal pulverizado em moinho.

O sal moído traz boa dose de impurezas malsãs; dissolvido na água produz uma lama que sobrenada e deposita areia, conchas moídas, ossos de peixe e escamas.

A massa de tomate chega a provocar pilhérias; leva abóbora, chuchu, pimentão, óleo de algodão e às vezes até tomate. Conforme o acondicionamento, serve indistintamente de massa para uso culinário ou de graxa para sapatos amarelos.

O pimentão seco e moído é feito com a casca dos raros tomates empregados na pasta supra.

A farinha de mandioca sofre uma peneiragem que lhe extrai o polvilho e leva fubá fino à guisa de compensação. Uma grande partida há pouco enviada para a Europa chegou a destino toda empelotada, o que não acontece com as farinhas puras.

Em matéria de bebidas alcoólicas a Europa curva-se diante de São Paulo.

Falsifica-se tudo.

Vermutes em garrafas legítimas são vendidos a 2 e 3 mil-réis; analisados, revelaram até mirra e álcool alílico. Os conhaques, idem.

Há um grande comércio de garrafas vazias com os rótulos perfeitos; vidros vazios de perfumes de boa marca são pagos a 2 e 3 mil-réis.

Quartolas vazias não há que cheguem, tantos progressos faz o "Clos Bom Retiro". A cidade de São Paulo exporta unicamente pela Central e Sorocabana mais vinho do que o entrado por Santos.

Águas minerais, Vichí, Salutaris, Rubinat, Janus, Vilacabras, conservam legítimas as garrafas e os rótulos; dentro é Cantareira com suas amebas, mais sulfato de sódio, sal amargo etc. Há Lambari e Caxambu cuja fórmula é simplesmente Cantareira mais CO_2.

Muitas amostras de leite revelam a presença de polvilho e ácido bórico.

A cerveja leva ácido salicílico e algumas são amargadas com ácido pícrico e nó de pinheiro-do-paraná. De lúpulo, zero.

Vinagre é ácido acético diluído em água.

O sabão leva argila e taguá.

A farinha sofre inúmeras adulterações, inclusive a mistura do caulim, e o pão recebe alúmen para clarear e crescer. Também é usado o sulfato de cobre para o mesmo fim no fabrico dos biscoitos.

Há macarrão com ovo onde o ovo é anilina ou amarelo de cromo.

Na manteiga a parte de água atinge nalgumas a proporção de 12%.

Vendem-se cafés em pó asquerosos, feitos de escolhas com 15% de cascas, paus, lixo etc., e o resto de grãos verdes, ardidos ou podres.

Muita da poaia de Mato Grosso que foi para o estrangeiro sofreu lá a extração da emetina e voltou inócua. Um grama dessa raiz pulverizada não produz o menor sintoma de vômito.

Há pó de arroz para uso de toucador preparado com sais de chumbo. Há cigarros feitos com fumo lavado em gasolina e outros em cozimento de papoulas.

Há artefatos de folha de flandres estanhadas com liga em que o chumbo entra na proporção de 20%, quando o limite da tolerância é 10%.

Há louças vidradas com mínio, o venenosíssimo óxido de chumbo.

Em matéria de drogas nem é bom falar.

Iodofórmio adulterado com flor de enxofre. Emetina fabricada com sais de quina. Quinino e aspirina feitos com lactose. Óleos minerais e medicinais clarificados com ácido sulfúrico impuríssimo, contendo arsênico. E, cúmulo, 914 em ampolas que não passa de finíssimo fubá de milho amarelo.

O rosário não teria fim se fôssemos enfileirar todas as contas.

Para o nosso caso basta essa pequena amostra. Chegamos a uma tal perfeição que corre à boca pequena existirem sardinhas de Nantes, legítimas Canaud, preparadas com lambaris do rio Tietê.

São Paulo virou o paraíso da fraude bromatológica. Indefesa como está a cidade, confiada como está a fiscalização a uns fiscais que fiscalizam para si, os desalmados envenenam-nos por todas as vias e amontoam fortunas colossais à custa da saúde alheia.

Se nos sertões há barbeiros, e anofelinos, e ancilóstomos, na cidade há a peste do macrozoário da fraude, o envenenador de profissão, contra o qual a nossa lei tem força – mas não tem força o aplicador da lei.

O dinheiro fácil, acumulado à larga pelo crime impune, encarapaça-o de escudos invulneráveis aos dentes botos dos artigos e parágrafos nascidos mortos. A profilaxia que São Paulo opõe hoje contra a coorte formidável resume-se no fiscalato inócuo exercido por uns pobres fardetas que acabam arranjadinhos.

Operam-se por aí tais malabarismos que o posto de fiscal é disputado.

São duas coisas que, arre!, valem a pena: falsificar e fiscalizar.

A comprova está no número irrisório de análises bromatológicas feitas nos nossos laboratórios. Em abril do ano passado foi feita... uma! A avaliar por esse movimento, a Pauliceia é uma cidade angelical onde tudo é tão puro que os laboratórios ficam às aranhas.

Agora, se um fiscal honesto apreende um produto falsificado e a Higiene Sanitária inicia o processo contra o homem, saltam logo em sua defesa os advogados de fama, que embrulham tudo, corrompem a justiça e acabam forçando o Estado a pagar ao malandro gorda indenização.

Esta resignação diante da fraude, este curvar a cabeça em face do veneno, este generalizado tolstoísmo da "não resistência ao mal", esta subserviência diante da advocacia velhaca e da justiça capenga, isto só se explica como doença.

Todos os povos se defendem, todas as cidades têm campanha permanente contra as ratazanas do estômago. Só nós cruzamos os braços. E, resignados carneirinhos que somos, prostramo-nos diante do lobo gordo que nos tosquia a lã e derranca a saúde.

É doença.

Não pode deixar de ser doença.

Só uma grave caquexia pode derrear assim um povo, a ponto de lhe adormecer o próprio instinto de conservação.

O nosso organismo está combalido até a medula. Sofremos da mais profunda apatia. Não reagimos contra o barbeiro dos campos, nem contra os barbeirões da cidade. Por desencargo de consciência, rezam-se umas mandingas na roça e armam-se umas tarascas chinesas nas capitais.

Quando rebenta um escândalo como este das banhas recusadas pela França, as autoridades movem-se, o dragão remexe os olhos de fogo – mas a advocacia arruma tudo.

No caso vertente, se alguma medida vier será por coação da França e em benefício exclusivo dela. As banhas endereçadas para lá seguirão puras, e as consumidas por cá serão adulteradas em dose dupla. É o meio de evitar prejuízos aos pobrezinhos dos envenenadores.

Citamos este fato da falsificação avassaladora que campeia em São Paulo não para concluir "pedindo providências a quem de direito" – pedido inútil e pilhérico; mas sim para frisar ilustrativamente o grau de quebreira que nos anemia o querer.

Nem sequer reagimos contra a faca ao peito.

Barbeiro, ancilóstomo, falsificador, advogadão – é-nos indiferente acabar nas unhas de uns ou de outros. Nossa preocupação única é esconder a verdade no poço para que ela não nos perturbe a agonia com o seu espelho cruel.

O início da ação

Ideias há que ferem fundo e se propagam com tal rapidez, coligem tal número de adeptos, empolgam de tal forma o espírito, explicam com tal lucidez tantos fenômenos desnorteadores que ainda em meios de opinião rarefeita como o nosso passam rapidamente da fase estática para a dinâmica. Fazem-se força e levam de roldão todos os obstáculos.

A ideia do saneamento é uma.

Bastou que a ciência experimental, após a série de instantâneos cruéis que o diário de viagem de Artur Neiva e Belisário Pena lhe pôs diante dos olhos, propalasse a opinião do microscópio, e esta fornecesse à parasitologia elementos para definitivas conclusões, bastou isso para que o problema brasileiro se visse, pela primeira vez, enfocado sob um feixe de luz rutilante. E instantaneamente vimo-lo evoluir para o terreno da aplicação prática.

E a ideia-força caminha avassaladora.

Avassaladora e consoladora, porque o nosso dilema é este: ou doença ou incapacidade racial.

É preferível optarmos pela doença.

Destarte coincidirá a lição científica, que afirma ser doença, com os anelos do nosso amor-próprio, que prefere à confissão de doença a confissão desalentadora da incapacidade.

Respiramos hoje com mais desafogo. O laboratório dá-nos o argumento por que ansiávamos. Firmados nele contraporemos à condenação sociológica de Le Bon a voz mais alta da biologia.

Esta corrente, entretanto, encontra ainda objetores de vários matizes.

Há os que negam o nosso estado caquético e vogam ainda, felizes, em pleno mar de ilusões.

Retardatários, amigos da fachada, trazem cem anos de retórica nos miolos, estão convencidos de que Peri arrancou a palmeira e de que os caboclos são outros tantos Peris de camisa aberta ao peito. Salva-os a boa-fé.

Ao lado destes há os de má-fé, os percevejantes, os que ressurtem das frinchas do periodicismo que late. Em vez de contrabaterem ideias com argumentos, estes triatomas mordiscam furiosos nas pessoas e contestam por negação.

Há ainda os cansados de esperar e por isso desesperançados de tudo, inclusive da ação construtora da ciência.

Para todos eles só existe uma réplica: fatos.

O governo paulista, em hora feliz de inspiração, pôs de parte mesquinhas injunções políticas e para superintender no serviço de higiene escolheu uma competência.

Artur Neiva, cientista no rigor do vocábulo, filho de Manguinhos e discípulo dileto de Oswaldo Cruz, distinguira-se por tal capacidade de trabalho e tão superior visão que, na frase de Carlos Seidl, se tornou logo um homem disputado.

Após a campanha antipalúdica do Xerém, da qual o diretor dos serviços, o engenheiro Sampaio Correia, disse "que se não fosse a ação eficaz e dedicada deste cientista ilustre e seus dedicados auxiliares as obras de abastecimento de água do Rio não teriam sido conclusas"; após a segunda campanha na Noroeste, que possibilizou a construção da estrada na região infernal; após as viagens de estudo e a expedição através dos sertões da Bahia e Goiás, a sua figura acrescentou-se dum relevo tão brilhante que a República argentina, esquecendo velhas turras, o tirou de Manguinhos para organizar a seção de zoologia médica no primeiro instituto científico do país.

Lá, findo o contrato, foi o homem disputado novamente, pela Argentina, desejosa de conservá-lo para si, e por São Paulo, ansioso de tê-lo a serviço da sua remodelação higiênica.

São Paulo compreendeu a necessidade de, ainda neste pormenor, conservar o seu papel de locomotiva, arrastando rampa acima os dezenove vagões irmãos.

A nossa organização sanitária já era a melhor, ou antes a única do país (que, seja dito entre parênteses compungidos, não na tem nenhuma). O modo por que se jugularam as epidemias amarílica e variolosa honra ao nobre trabalhador que foi Emílio Ribas, nome que terá sua auréola quando se escrever a história da higiene no Brasil.

A ação de Artur Neiva, porém, manifestou-se logo pronta e eficiente. O código sanitário, remodelado e acrescentado apesar da tempestade de protestos, transformou-se em lei, e é um dos mais completos existentes. Quem por ele correr os olhos verá como o combate sistemático às endemias que nos deprimem foi ali organizado com a segurança de quem está senhor do assunto.

Enquanto no Rio a ideia do saneamento gira no ciclo da propaganda pela palavra, em São Paulo gira no terreno dos fatos. A campanha foi iniciada não com a latitude que era mister, porque está restrita à parcimoniosa dotação que o Congresso atribui à higiene; todavia foi iniciada e esse passo é gigantesco.

Nossos governantes inda não compreenderam o alcance econômico do saneamento. Alegam aperturas financeiras e restringem as verbas destinadas à higiene. No dia, porém, em que pela demonstração insofismável dos fatos arraigar-se a convicção de que o dinheiro despendido no restabelecimento da saúde do povo e na extinção dos focos infecciosos é dinheiro adiantado, que volta às arcas acrescido de alto prêmio, porque esse dinheiro foi restabelecer a eficiência econômica de milhares de criaturas transformadas pela doença em quantidades negativas, nenhum serviço receberá mais generosa dotação e nenhum sobre ele terá primazia.

O povo clama ao ver seu dinheiro escoar-se em aplicações desonestas ou improdutivas, mas baterá palmas vendo-o empregado na obra sobre todas urgente da sua melhoria sanitária e do preparo aos filhos dum ambiente mais limpo de germes consumptores ou letais.

Os serviços de profilaxia permanente iniciados em São Paulo cifram-se por enquanto no ataque à malária em Vila Americana, Nova Odessa, Monte Mor e Santa Bárbara; e agora na campanha antimalárica e antiparasitária de Iguape.

Na primeira, adstrita apenas à supressão da malária, a profilaxia foi completa: tratamento dos doentes e extinção radical dos focos. Para isso foi mister executar um serviço de terra verdadeiramente notável, canalização de ribeirões, desobstrução de cursos de água, aterros, drenos de brejos, petrolização, roçados etc.

A epidemia foi jugulada e a endemia extinta, pela supressão de todos os viveiros onde a larva do anofelino se desenvolvia à vontade.

Aqui há uma nota a fazer.

O saneamento exige como condição fundamental de eficiência a conservação dos serviços feitos. Do contrário será um trabalho de Sísifo. Compreende-se que a ação saneadora parta do centro, já dotado do aparelhamento necessário, mas deverá entrosar coordenadamente numa série sucessiva de trabalhos, incumbente às municipalidades.

Se um serviço desses, oneroso, difícil, exaustivo, tiver de perecer por falta de continuidade municipal, é preferível não encetá-lo nunca. Não pode de maneira nenhuma ficar isso à mercê da veneta dum prefeito coroneloide, "cético" que "não crê" na transmissibilidade de *morbus* pelo mosquito, que acha uma "bobage" isso de fossas, drenos, aterros etc., e que alapado nas covas escuras duma noite cerebral sem estrelas reedita as velhas pilhérias da campanha carioca contra Oswaldo Cruz.

O Estado deve premunir-se de leis que compilam o coroneloide revel a abster-se do direito de lesar a saúde pública, fazendo uso das "suas opiniões pessoais".

Adotado com o preciso rigor este critério de conservação, os trechos saneados ir-se-ão constituindo em oásis purificados; o número desses oásis crescerá pela persistência da obra: e no correr de alguns anos o oásis será todo São Paulo. E será um dia o Brasil inteiro...

Iguape

Quem, por viver no mundo da Lua, inda descrê do nosso estado coletivo de doença, e atribui esta campanha do saneamento a mil e um móveis, menos ao único real: desejo ou ânsia de ver queimar-se o derradeiro cartucho na defesa da nacionalidade vacilante, que vá a Iguape. Que vá a Iguape que de lá voltará apóstolo.

Iguape lhe porá ante os olhos, em eloquente epítome, o quadro geral da caquexia orgânica que emperrou o país.

Iguape é o Brasil.

Descontadas as zonas vivas, criadas ou revigoradas pelo afluxo do sangue europeu emigrado, o Brasil é Iguape.

Marasmo senil, modorra. Tudo lento, a arrastar-se em paraplegia de tabético. O comércio, ronceiro e mesquinho; a indústria, tateante e ingênua; a lavoura, incapaz de criar riquezas, eternamente adstrita à enxada e ao nomadismo da foice e do fogo.

Vida intelectual nula. Impenetrabilidade ao progresso, não pela resistência rotineira de quem possui uma forma e lhe defende a rigidez, mas pela indiferença oriunda desse estado mórbido a que se convencionou chamar indolência. O cérebro humano não dá ali a impressão da máquina maravilhosa que é; parece antes um cemitério, um paul, onde as ideias se empegam, languescem e morrem asfixiadas.

A política foge ao molde da visão larga do interesse público, encarquilhando-se na cuscuvilhice miúda dos compadres, comadres e afilhados.

O povo, triste e mazorro, sem vibração, indiferente a tudo. Povo que não ri, não brinca, não canta, não dança – desconfiado e sorna.

Quando, por força da imaginativa, evocamos uma cidadezinha norte-americana estuante de vitalidade e a comparamos a uma nossa correspondente em população, constringe-nos a garganta um nó de desespero. A mesma idade, o mesmo céu, o mesmo continente – e sempre a vida vitoriosa lá, e sempre o marasmo do urupê aqui.

Qual a razão disso?

Não deem ao problema nenhuma das soluções palavrosas de uso corrente. Nada de pedir à retórica ou à política, ou à etnografia, explicações que nada explicam. Mudemos de rumo. Peçamos a opinião da ciência experimental e a parasitologia no-la dará sinceríssima. Conduzindo-nos ao Posto de Profilaxia de Iguape ela nos fará estas tremendas confissões.

O recenseamento da cidade revelou, em dezembro, uma população de três mil e tantos indivíduos, dos quais se inscreveram na lista dos candidatos à saúde 3.100. Examinadas as fezes destes inscritos, o microscópio revelou em 2.673 indivíduos a presença de uma velha verminose. Áscaris, ancilóstomos, tricocéfalos, anguílulas, tricomonas, amebas, tênias, himenolepis, oxiúros etc., uma fauna inteira, voracíssima, vivendo à tripa forra, em família ou em sociedade de duas, três e quatro espécies dos intestinos da pobre gente!

Só o ancilóstomo, essa praga tão grande que moveu a piedade de Rockefeller e o levou a organizar no mundo inteiro uma campanha contra, só este maldito estagnador da vida, ascoroso percevejo dos intestinos, peste duodenal, só ele envenenava a vida a 2.102 pessoas!

Recapitulemos os algarismos para arrolhar de vez os negadores impenitentes e os otimistas que acoimam de exageradas as nossas palavras: em 3.104 iguapenses examinados, 2.673 traziam os intestinos transfeitos em jardins zoológicos, *menageries* de microferas! E 2.102 revelaram-se viveiros do flagelo que comoveu o coração duro de Rockefeller!

Imagine-se agora que a ação desses parasitas é ininterrupta, começa na infância e prolonga-se até a morte.

As lesões que eles praticam nas paredes intestinais, ulcerando-as, funcionam como outras tantas portas abertas ao livre trânsito das toxinas.

O pai dessa pobre criatura já foi um bichado, como o foi o avô e o bisavô. Deles recebeu ela uma vitalidade menor, uma tonicidade orgânica decaída, um índice fraco de defesa natural. E por sua vez transmitirá ao filho a má herança acrescida funestamente da sua contribuição pessoal de degenerescência, consecutiva à continuação do trabalho do verme em seu organismo.

Isto explica por que e como dos Fernões Dias Paes Leme de outrora, terríveis varões enfibrados de aço, ressurtiu uma geração avelhentada, anemiada, feia e incapaz.

Não é a raça – a raça dos bandeirantes é a mesma de Jeca Tatu. É um longo e ininterrupto estado de doença transmitido de pais a filhos e agravado dia a dia.

Examinando-lhes o sangue, assombra a pobreza em hemoglobina: não é mais sangue o que lhes corre nas veias, senão um aguado soro. E nessa água suja, para remate de males, ainda vem aboletar-se o protozoário da malária...

Eis o estado de Iguape; e, em que pese à ingênua turra contraditória, eis o estado do país inteiro, feitas as devidas exclusões.

Já o dissemos e repetimos: no dia em que o Brasil convencer-se do seu estado de doença, estará salvo. O que se fez em Iguape prova de modo irrefragável a possibilidade da vitória.

O problema cifra-se em fazer em escala grande o que ali se fez restrito a uma cidade.

Graças à orientação de Artur Neiva a campanha foi iniciada de modo a demonstrar por A mais B não só a nossa capacidade científica, como também a nossa capacidade organizadora. A ofensiva de Iguape merece ser divulgada com amplitude para orientação das subsequentes e lição aos incréus.

Iniciada em dezembro sob as ordens de Melquíades Junqueira, apesar da nenhuma experiência preliminar, pois que nunca no Brasil se fez coisa parecida, foi com superior critério executada da seguinte maneira.

Recenseou-se a cidade e inscreveu-se no rol profilático, depois de intensa propaganda, a maioria quase absoluta da população. Houve rebeldes, sujeitos tão perros de inteligência e tão amigos dos seus vermes que se recusaram ao exame preliminar de fezes. Parece impossível que a imbecilidade humana atinja tais altitudes, mas atinge...

Nos inscritos, feito o exame, e autenticada a presença dos parasitos, foi fichada a identidade de cada um com o competente diagnóstico.

E começou o trabalho medicativo.

Um a um, todos, fiscalizados pela comissão, receberam a dose do anti-helmíntico requerido.

Passados quinze dias, novo exame veio verificar o efeito da medicação; e conforme se comportavam os vermes assim prosseguia o tratamento, persistindo os exames até que o microscópio desse alta ao verminado.

Deste modo, dos 3.104 inscritos só não se libertarão da mazela intestinal os que de todo preferirem a doença à saúde. Em junho conta a comissão concluir os seus serviços e Iguape estará por esse tempo liberta da endemia atrofiante.

Se juntarmos a isso a instituição da fossa obrigatória, que a comissão impôs à cidade, e também a campanha antimalárica conduzida com extremo rigor paralelamente à antivérmica, não é arrojo dizer que Iguape será a primeira cidade do Brasil onde se terá feito uma obra completa de saneamento.

Até aqui campanhas idênticas visavam sempre epidemias ameaçadoras; campanha completa como essa, contra endemias, não há caso de segunda.

Destarte é possível prejulgar: se as ações consecutivas se não dispartirem do rigor desta, e forem conduzidas com espírito de sistematização prática, o saneamento de São Paulo virá a ser uma realidade. E daqui irradiar-se-á pelo resto do país.

Cunha de progresso que já é São Paulo, será ainda uma cunha de saúde metida de enxerto no corpo valetudinário do país. E este, arrastado, curar-se-á – caso não ache mais simples morrer de lazeira como os refratários de Iguape.

Os resultados da profilaxia não virão imediatos, como alguém supõe. O vinco deixado no organismo do recém-curado por um longo passado de verminação é cicatriz lenta de desaparecer.

Mesmo assim há consequências imediatas de sugestiva evidência. Opilados, portadores de horrendas úlceras fagedênicas resistentes a toda medicação, pelo simples fato de se libertarem do ancilóstomo verificam a sua rápida cicatrização. O organismo, livre da causa anemiante, reage, readquire a defesa natural e a ferida desaparece por si – feridas que vinham de anos.

Fato mais eloquente não há.

Por ele se evidencia a elevação do tônus vital, com o seu cortejo de reflexos no moral, revigorizantes da vontade, desmodorrantes das faculdades adormecidas. O curado, de negativo, passará a fator ativo de produção. O país ganhará nele a energia correspondente à de um imigrante entrado.

Eis um cálculo por fazer: a cura dos três mil verminados de Iguape quanto representará de energia humana restituída ao país?

Serviço idêntico ao de Iguape será feito este ano em Tremembé, Santo Amaro e Cosmópolis. É pouquíssimo, diante do que há a fazer. Mas é muitíssimo, como significação de primeiro passo no terreno das realidades.

Um aforismo norte-americano quer que o primeiro passo corresponda a meia obra feita. De fato é assim, e já hoje ninguém deterá a obra formidável de saneamento ora em início.

É uma ideia que venceu esplêndida e fulgurantemente.

NOTA

Para patentear de modo irrefragável a influência depressiva que a verminose exerce no cérebro humano, aqui transcrevo este precioso documento, publicado num jornaleco de Iguape. O vinco da opilação está aí nítido, no estilo e nas ideias, dando medida perfeita do grau de decadência mental a que o verme arrasta os pobres flagelados.

"'Monteiro Lobato – As explosões do seu despeito' – Manuseando O Estado de S.Paulo *em sua edição de 15 do fluente, deparamos com um artigo intitulado 'O problema do saneamento'.*

Este artigo, firma-o Monteiro Lobato, escritor de nota e jornalista da imprensa grande.

Antes de tudo, nele faz o articulista ressaltar não só uma nota antipatriótica, como um desprezo nada honroso pelas coisas que dizem respeito ao seu país natal, atendendo à maneira com que as trata e as presume evidenciar.

E por quê?

Porque abusa do seu talento e de sua reputação literária para enxovalhar os seus patrícios, para amesquinhar, reduzir, degradar o que há de mais santo, de mais puro e respeitável no âmbito da pátria, abalando o nome desta, caluniando o que é seu, ao impulso, ao léu das explosões de seu despeito.

Mas não é tudo.

O seu artigo é mais uma contribuição valiosa – entre outras contribuições de igual jaez – para o monumento do descrédito que o estrangeiro nos erige, glorificação injusta, mas justificável à luz de conceitos dessa chusma de escritores que faz História, quase invariavelmente dum montão de juízos ligeiros.

Escritores – há-os de fato, dos que se não preocupam tão somente com o esplendor do estilo, com as frases lapidares, requintes e louçanias; há-os, dos que, desprezando essas lantejoulas banais, se apegam à verdade dos fatos, à precisão dos conceitos, à imparcialidade, à independência.

O seu caráter, a sua consciência, o seu "eu pensante" não se prendem ao liame degradante do pieguismo de escola. E o pessimismo é uma escola... Uma escola doentia e sórdida, que dá aos seus filiados essa originalidade excêntrica do moral doentio. Porém – pessimismo é o termo.

De Iguape, por excelência, faz Monteiro Lobato o alvo de seu pessimismo atávico. E lhe atira, com ar desprezador e fanfarrão, apóstrofes flagrantemente irrisórias.

Vamos à evidência:

O ilustre e genial escritor visitou-nos de relance.

No curso rapidíssimo de algumas horas, fora estolidez supor que alguém, mesmo um "águia", pudesse formular uma ideia precisa e colher dados sérios duma cidade que, se não tem foros de adiantada e rica, ao menos encerra em si o germe da civilização e da riqueza, embora oculta no seu seio. Um bafejo sequer desse auxílio que impulsiona as suas congêneres e Iguape surgirá tal qual é, estuante de vida, exuberante de seiva, plena de riquezas...

E a extensão de seu território, a uberdade de seu solo, os seus rios, a sua flora e outras gemas naturais estariam a comprovar brilhantemente que isso de 'impenetrabilidade ao progresso' de que fala o escritor é – no rigorismo do termo – um conceito banalíssimo – uma expressão de efeito e nada mais.

No curso rapidíssimo de algumas horas – prosseguimos – fora ilogismo admitir que Monteiro Lobato pudesse privar com os intelectuais da terra e assim redondo absurdo conceber que em Iguape é a 'vida intelectual nula'.

Nula porque se ressente talvez duma infinidade de jornalecos, para gáudio de escrivinhadores de literatice oca, para escrínio de despautérios, a exemplo de alhures, onde ainda assim se proclama o conceito literário?

'O povo não ri, não brinca, não canta, não dança' e... não faz recepções de literatos, à laia dos arraiais, a toques de música e estrugidos de foguetes. Neste particular, há de conceder o ilustre doutor Lobato.

O reduzido espaço de que dispomos coíbe-nos de outras considerações, que a pena dum conterrâneo ilustre e distinto já esplanou de sobra.

Agora, uma observação.

É inegável a boa profilática, desenvolvida aqui sob os auspícios excepcionais do grande cientista brasileiro Excelentíssimo senhor doutor Artur Neiva, no intuito de debelar o mal endêmico que nos assola. É inegável; não visamos depreciar o mérito a quem o tem! O nosso objetivo consiste apenas em frisar a injustiça patente dum escritor sem escrúpulos, os excessos de seus conceitos apaixonados, a sua crítica parcial, desonesta e inverossímil. Como inverossímil e ridícula se revela a atitude dum escritor que ataca, indecorosamente, numa *campanha verbosa e venal, um flagelo, cujo germe tem-no em si, a refletir-se no semblante amarelento e sujo, no físico desengonçado e feio, atrofiado e apático; e, conseguintemente, reclamando providências, senão do terreno do saneamento material, pelo menos bradando um corretivo ao campo do saneamento moral.*

Aí ficam, pois, essas linhas, como um brado de protesto e um sorriso de desprezo, atirado contra quem, num movimento impulsivo e despeito vil, ousa cuspir à face duma população inteira, a lama e a sordidez da infâmia e da mentira!"

* * *

Caso perdido? Absolutamente não. Um jornalista destes, depois de tratado a fundo pelo timol e as competentes purgas, sara e ainda escreve no jornal suas noticiazinhas de anos ou falecimentos sem mais asneiras que as do costume. Salvam-se quase todos.

A casa rural

É corrente o grito de guerra – saneamento dos sertões!
Mas que é sertão? Se o definirmos com a precisa clareza veremos que não foi bem apreendida a essência do problema.

Sertão é o deserto, a terra apenas pisada pelas sentinelas perdidas do povoamento. Tratos sem-fim de territórios vazios, ao léu, com, de longe em longe, léguas intermeio – casebres humílimos onde vegetam seres humanos.

Sem estradas, sem transporte outro além do lombo do burro ou do boi, sem ligação nenhuma com os centros povoados, são reservas de espaço onde o futuro acomodará o extravasamento da população litorânea.

Sanear os sertões é inexequível. Nem toda a fortuna de Rockefeller bastaria para isso.

O problema premente e de solução possível dentro das nossas forças é o saneamento dos núcleos urbanos. Riqueza predial já criada, centro captador e coordenador de forças, grumos de vida já socializada, saneá-los é valorizá-los, é deter a meio a sua decadência econômica filha da decadência da saúde e prepará-los, pelo crescimento rápido, para a ação transbordante que irá multiplicar nos sertões novos núcleos plasmados por aquele molde. Esta empresa, sim, cabe nas forças do país, sobretudo no caso de, pela sistematização da campanha, funcionarem em harmonia as forças da União, dos estados e dos municípios. E não se compreende que seja de outra forma.

É lá possível pensar em sertões despovoados quando nos centros urbanos o mal atinge o apogeu?

No último artigo expusemos o estado sanitário de Iguape, ressaltando que ele dá a medida do que vai por aí além em cada uma das nossas cidadezinhas e vilas do interior.

Isso não quer dizer que se ponham de banda as zonas rurais já em exploração agrícola. Em São Paulo, graças à orientação segura do doutor Artur Neiva, já foram lançados os alicerces para que a higiene não constitua um privilégio exclusivo das cidades. Legislou-se no Código Sanitário também para as fazendas, sítios e sitiocas.

Esta parte do Código foi recebida com quatro pedras na mão. A opinião pública, sem preparo preliminar para bem lhe compreender as intenções remotas, acolheu-a como uma impertinência insolente. Hoje, melhor informada, é de crer que a encare com menor azedume. O estado de doença, de miséria, de deperecimento do roceiro, só agora posto em relevo pela imprensa, sofreia cóleras e diatribes injustas contra quem só mira a obra humanitária de arrancá-los ao paul.

A casa nos climas frios ou temperados, lá onde o inverno funciona como uma desinfecção anual do solo, impedindo a proliferação excessiva de insetos nocivos, vermes e microrganismos parasitários, tem por mira principal fornecer ao homem um abrigo contra a intempérie das estações.

Já nos climas quentes, onde não há a barreira tremenda do frio e a vida inferior é uma perene bacanal vitoriosa, a casa, além da sua função de abrigo, há de ter uma função de defesa contra o excesso de vida invasora.

Prescrições de higiene desnecessárias lá são indispensáveis aqui.

Hão de, nas regiões maleitosas, pela barragem das telas de arame, premunir-se contra a invasão dos anofelinos contaminadores. Na Amazônia, graças à obra de Oswaldo Cruz, já inúmeras casas adotaram este regime defensivo, e meia campanha estará vencida no dia em que o povo compreender a imperiosa necessidade que é a adoção de tal profilaxia.

Nas regiões vitimadas pelo mal de Chagas a casa tem de fugir ao sistema corrente do barro e sapé.

A ideia de Artur Neiva, de estabelecer aqui as bases legislativas desta transformação, provocou, como era natural, grande celeuma. Entretanto, hoje, quem, com a visão nítida do caso, fora os diretamente interessados, se levantará contra?

A nossa situação relativa ao barbeiro, se não é grave como em Minas e Goiás, é de molde a provocar apreensões. Em São Paulo já está autenticada a presença do infernal percevejo em nada menos de 170 localidades! Em quarenta destas verificou-se a existência do triatoma infeccionado! Vê-se que a invasão caminha, que o terreno lhe é propício e que no correr dos anos a zona rural de São Paulo estará na horripilante situação daquelas que Neiva, Chagas, Pena e outros descrevem. Teremos a papeira endêmica, o cretinismo alastrado e o cortejo de misérias cardíacas oriundas da ação letal do *Trypanosoma cruzi*.

O meio de deter a infecção e jugular para sempre a calamidade é prevenir. Provado como está que é no sapé e nas fendas do barro que se alapa o hematófago noturno, sem a supressão desses coutos propícios ele nunca será vencido.

Qual a atitude única da higiene num caso deste? Impor normas à construção das casas rurais, como as impõe na cidade.

Nós, até aqui, nós que moramos em casas confortáveis, com luz elétrica, água e esgotos, regalos internos de toda ordem, mobiliário cômodo, quadros na parede, tapetes, mil mimos da civilização por dentro e por fora, nós achamos naturalíssimo que o caboclo viva numa arapuca de barro.

Em nome do pitoresco opomo-nos a mudanças prejudiciais à cor local.

De fato, tem sua graça, de longe, na paisagem, uma choça de palha, sobretudo em estado de tapera.

Vejamo-la de perto, porém.

Quatro esteios, paredes de barrotes ripados de taquara com entrevãos atochados de barro; teto de sapé; chão de terra, esburacado, desnivelado; portas, às vezes (grande número se fecham com achas de embaúba); janelas, às vezes...

É só.

O barro ao secar fendilhou-se de mil rachaduras por onde se coa o vento e onde os triatomas fazem ninho.

Essas casas, se é possível dar tal nome à arapuca, custam uma miséria. Empreiteiros há que as constroem a 2 mil-réis o palmo, fora o sapé. Em média têm de comprido vinte palmos. Com 40 mil-réis o fazendeiro aloja uma pobre família. É natural que gritem, e movam campanha contra o Código Rural, já que lhes "dói na fazenda" o ter de construí-las, doravante, telhadas, emboçadas e atijoladas.

O prejuízo deles, entretanto, é aparente. A melhoria do lar melhorará o operário. Ressarcirá o dispêndio a maior eficiência do trabalhador mais bem abrigado. Diminuirão os dias perdidos por doença, por lombeira, por desânimo.

Se São Paulo tiver bastante grandeza de ânimo para, respeitando a lei, operar lentamente a reforma do tipo já condenado da casa rural, dentro de alguns anos os nossos campos apresentarão o aspecto dos argentinos e norte-americanos. Esta mácula vergonhosa da casa de barro e palha já não se vê por lá, e talvez que só se encontre na África e em países aleijados pela caquexia.

Concordamos, é lei dificílima de bem funcionar. Tem contra si a oposição tremenda do hábito inveterado, dos interesses ofendidos, dos politicões regionais, do literato e até do pintor amigo do pitoresco; todavia, essa lei é talvez a maior conquista feita por São Paulo nos domínios da higiene. Dia há de vir em que todos o reconhecerão, fazendo justiça plena aos seus propugnadores.

Os colonos estrangeiros merecem tudo dos governos e fazendeiros. Dão-lhes patronatos e casas boas, de telha e reboco. Entretanto, negam-no ao pobre patrício, decaído em grande parte pelo criminoso abandono em que o deixamos.

É cômodo atacar a extensão da higiene à zona rural. Sentados numa secretária de embuia, à luz farta de uma lâmpada, com o telefone ao pé e um charuto na boca, os argumentos acodem lépidos ao bico da pena, e a ironia sorri fácil, a piada brota feliz e engraçada. Mas o *frondeur* mudará de ideia se se transportar em imaginação para o choça cuja permanência defende.

Lá verá, aluminiados pelas brasas do fogão, o pobre homem, chefe da família, estirado nuns fiapos de esteira sobre a terra úmida. Ao seu lado a triste mulher sorvada e a prole miserável, seminua, sem cobertas, retransida de frio – crianças a quem o excesso de miséria tirou até o choro, esse protesto natural dos organismos débeis.

O vento esfuzia nas frinchas donde saem os percevejões noturnos para o horrendo repasto de sangue. Os anofelinos zoam no ar a sinfonia da morte.

É a miséria dos vencidos na concorrência da vida. Nas mesmas terras, adiante, está a casa farta do colono que prosperou. *Que prosperou porque tinha mais saúde...*

Foram os nossos párias, entretanto, que devassaram os sertões, que fizeram a penetração das bandeiras, e inda hoje é com os restos de sua energia que se abrem as regiões novas e pestilenciais. Eles é que roçam, rompendo assim a impenetrabilidade das selvas, e rasgam picadas, e dão todos os primeiros passos de vanguardeiros no arranque para a frente.

Aqueles pobres doentes trazem um rosário de avós tombados na luta inglória e obscura.

O pai morreu espetado por uma lasca de jissara em certa derrubada fatal. O avô acabou de febre ao abrir-se a fazenda do coronel X. Um tio rebentou de exaustão nos trabalhos da Noroeste. Heróis desconhecidos, vidas soterradas nos alicerces da nossa civilização – e malditos... E abandonados ao léu, ao deperecimento pela miséria fisiológica porque, vitimados pelo meio, assaltados de mil parasitos, sugados pelo barbeiro, não puderam defender-se, perderam o equilíbrio biológico e hoje não suportam a concorrência do colono forte, chegado de fresco, exigente e protegido.

O maior objetor à higiene rural mudará de ideia se por instante evocar este quadro – e refletir que estas energias em decadência revigorar-se-ão de novo pela tutela humanitária do higienista. E verá que a transformação do casebre nefasto é uma das pedras angulares da regeneração dessa pobre gente – essa pobre gente que na guerra é quem se bate por nós, e na paz é quem produz a pouca riqueza de que nos gozamos...

As grandes possibilidades dos países quentes

A questão da degenerescência do homem nos climas tropicais preocupou sempre os sociólogos, provocando várias teorias explicativas – engenhosas, tanto quanto vulneráveis às flechas da objeção.

O problema põe-se nestes termos: é nas zonas tropicais que a vida, já animal, já vegetal, evolve para as formas mais altas. Esta regra, entretanto, falha com relação ao homem.

Por quê?

Foi mister que um dos ramos mais novos da ciência, a parasitologia, ganhasse o vulto apresentado hoje, para que o xis de mais esse problema fosse expungido de vez.

De fato, por pouco que detenhamos o espírito na biologia da fauna e da flora das regiões quentes, ressalta o contraste entre o surto pletórico da vida em todas as suas manifestações e o tremendo parêntese de exceção aberto pelo homem. Onde tudo alcança o apogeu, só ele, o rei, decai.

É na região do calor que rugem os maiores felinos, o leão africano do deserto, o tigre real da jângal indiana, truculentos detentores do cinturão da ferocidade.

Na América vemos o jaguar mosqueado, que semeia o pavor nas regiões onde vige a lei da sua fome; e nas ilhas da Sonda a pantera de graciosos movimentos.

É nas terras do sol que trombeteia o elefante, monstruoso probóscida, senhor da força máxima e da máxima inteligência irracional. Ao seu lado espapaça-se nos rios o planturoso hipopótamo e tosa a folhagem das árvores o formidável rinoceronte.

No gênero piteco é a região equatorial que apresenta o solitário gorila, hercúleo, ferocíssimo.

Na Sumatra os maiores orangotangos passeiam em grupo, graves como diplomatas do Itamaraty.

O maior dos marsupiais é na Austrália que habita, o canguru. E é nos rios das terras quentes que mergulham os maiores sáurios. O crocodilo do Nilo atinge lá seis metros de comprimento e dá tal impressão de força que os antigos egípcios o ergueram à categoria de animal sagrado. O gavial indiano, lagartão de nove metros de comprido, é o maior da espécie: tala os peixes do Ganges e pega búfalos que vêm beber às margens. Os caimães da América e o jacaré amazônico são outros tantos exemplares esplêndidos da pletora da vida.

Entre os ofídios é sempre na zona cálida que rabeiam os mais gigantescos; a sucuri e a anaconda de dez metros do Suriname bastam para documentar o asserto. Entre os venenosos é ainda nela que vivem os mais letalmente apetrechados, a naja indiana, os nossos crótalos, os trigonocéfalos da Martinica.

Se volvermos o olhar para os ruminantes vemo-los ascenderem às formas mais altas sempre na zona dileta do sol. O camelo, a girafa, o búfalo são seus filhos. Os solípedes, cavalo e zebra, nela é que se desenvolveram.

Não abre exceção o batráquio: a maior das rãs, *Rana mugicus*, rã-touro, coaxa na América, e com tal vigor que Martins, na sua *História natural*, diz: "Em bando fazem tal bulha que um destacamento de soldados se assustou um dia a ponto de fugir, cuidando ser o estrondo da artilharia inimiga". Não será tanto assim. Algum Antoine, talvez, foi quem referiu o caso ao naturalista de boca aberta. Mas que sobrepujam em tamanho e berram mais alto que as suas irmãs das zonas frias, isso é fato, e nos basta.

Nas aves a riqueza tropical é inaudita, em forma, cor e força. A maior delas, o avestruz, tem resistência capaz de suster, montado no seu cangote, um homem. Ao lado dessa monstruosa ave-cavalo volitam as mais aperfeiçoadas joias da Criação, os beija-flores.

Os maiores coleópteros zumbem no tropical. O escaravelho hercúleo, *Dinastes hercules*, é filho da América do Sul. Nos lepidópteros a terra quente detém todos os recordes. Nas aranhas nenhuma sobrepuja a nossa caranguejeira, *Terafosa avicularia*, assim chamada em virtude da fama que goza de apanhar no ninho pequenos pássaros.

Se do reino animal saltamos para o vegetal, cresce a riqueza da vida. Os maiores fetos remanescentes dos períodos eos viçam nos sombrios úmidos da região equatorial. Nela as gramíneas alteiam-se a proporções gigantescas que vão do milho ao bambu. As árvores atingem as proporções fantásticas da sequoia da Califórnia, do baobá africano e do nosso jequitibá de incomparável beleza.

A palmeira, essa mesquinharia das regiões entanguidas, exubera aqui em gigantes. Foi ao avistar-se com a palmeira-imperial, no Rio, que Darwin, esmagado pela majestade daquele fuste flabelado no tope, caiu de joelhos, murmurando: – "Salve, rei dos vegetais!" Já Lineu as classificara de príncipes do reino, e Humboldt dissera: – "Três formas de perfeita beleza encontram-se nas regiões tropicais, a palmeira, a bananeira e o feto arborescente". A vitória-régia, com folhas de até dois metros de diâmetro, é a maravilha das plantas aquáticas. Na Índia a euriálea dos misteriosos lagos, e no Egito o nelumbo proclamam a vitória do calor para os surtos supremos da vida.

Não teria fim esta enumeração de primazias. Mas ao nosso intento basta o punhado de glórias biológicas aqui apontadas. Elas nos revelam de maneira flagrante que é nas regiões tropicais que a vida ascende ao esplendor máximo, apogeu de beleza e força.

E é lógico que seja assim.

A vida é filha do calor. O sol a criou, o sol a mantém, e o seu índice flutua em ascensão ou depressão conforme o hábitat foge ou se aproxima dos gelos polares. Mais sol, mais calor: maior eclosão da vida.

Mas se é assim, como esta lei falha mal entra em campo o homem? Por que degenera o homem justamente onde, por impulsão ambiente, devera altar-se ao apogeu? Por que na Amazônia, onde tudo alcança o máximo, só ele dá de si o mínimo?

Reflitamos.

O homem, com civilizar-se, afastou-se da natureza. Desrespeitou-a, infringiu-lhe as leis. A consequência foi o enfraquecimento. O uso do vestuário quebrou a resistência da epiderme. O hábito de casa paralisou o desenvolvimento da resistência orgânica às agressões do ar livre, e atrofiou a já criada no longo estágio de vida selvagem. O regime alimentar, a vida em sociedade, o transporte fácil, a especialização de funções, cada criatura transformada em certa peça de imensa máquina, atrofiando assim as facetas do indivíduo que permanecem inertes, os vícios, a hipertrofia do urbanismo, tudo, enfim, que a palavra civilização enfeixa é, biologicamente, transvio – e transvio destruidor da defesa natural do corpo.

Cessada a função, ou desviada da trilha natural, o organismo enfraquece e reage com fraco vigor contra os assaltos dos inimigos. Além disso, o regime do direito e da moral, imposto pela vida em sociedade, anulou a força dos processos seletivos; os fracos defendidos pela lei, amparados e conservados artificialmente; o forte impedido de vencer e eliminar o fraco; a revogação, em suma, da suprema lei da biologia lançou o *Homo sapiens* no despenhadeiro da degenerescência física. Biologicamente, o homem é um animal em plena decadência.

Por força desse enfraquecimento orgânico ele só pode prosperar nas regiões temperadas ou frias, onde a vida circunvolvente é pouco intensa graças à ação refreante do inverno, onde o mundo dos microrganismos não alça o colo, onde o parasitismo é quase nulo.

Ao invés disso, nas regiões tropicais, onde não há o marasmo anual do frio e tudo propicia um *fiat* ininterrupto, a vida desabrocha num esfervilhar de mundo em formação.

A fauna invisível e a fauna dos vermes e insetos atingem proporções desmarcadas. A concorrência vital é tremenda. A guerra, a luta, a invasão, a adaptação e a evolução rápidas constituem o ambiente normal em que o fraco é eliminado incontinênti.

Ora, o homem, que hoje prospera magnificamente nas zonas de vida fraca e nelas constrói civilizações, ao transportar-se para o meio tropical vê-se tomado de assalto pela legião dos parasitos, e baqueia.

Estes seres agridem também as altas formas de vida nele vigentes, mas esbarram na resistência natural fornecida pela reação imediata do organismo, e caem vencidos.

No ser fraco, porém, dessorado pela civilização, a baixa animalidade encontra todas as portas abertas, nenhuma reação eficaz, e faz dele hospedaria.

Daí o estado de doença. Esse corpo não mitridatizado verga na caquexia, quando não tomba aos primeiros assaltos do invasor. Está inerme, posta de carne atônica entregue à voracidade do animálculo.

Isto explica por que o homem não consegue prosperar justamente onde a vida atinge o fastígio.

Mas já não é assim hoje, por felicidade nossa. A ciência dá-nos elementos para modificar este estado de coisas, de modo a permitir à vida humana na zona dos trópicos um surto paralelo ao das outras formas de vida.

Se lhe não é possível readquirir a resistência perdida, há meios de evitar os botes insidiosos do microrganismo.

Vale tanto ser agredido e vencer o germe do mal pelo contra-ataque da imunidade nativa como impedir por processos mecânicos a agressão.

A higiene, eis o segredo da vitória.

A higiene é a defesa artificial que o civilizado criou em substituição da defesa natural que perdeu. Ela permite ao inglês na Índia uma vida próspera, exuberante de saúde no meio de nativos derreados de lazeira.

Ela permitirá erguerem-se grandes empórios nas zonas até aqui condenadas.

Ela, só ela, permitirá criar na terra brasileira uma civilização digna deste nome.

O nosso estado de profunda degenerescência física e decadência moral provém exclusivamente disso: desaparelhamento de defesa higiênica.

O nosso povo, transplante europeu feito em época de magros conhecimentos científicos, foi assaltado pela microvida tropical e verminado intensamente sem que nunca percebesse a extensão da mazela. Só agora se faz o diagnóstico seguro da doença, e surge uma orientação científica para solução do problema da nossa nacionalidade, ameaçada de desbarato pelo acúmulo excessivo de males curáveis, evitáveis, e jamais curados ou evitados – porque sempre ignorados, quando não criminosamente negados. Desfeitos todos os véus da ilusão, livres para sempre da mentira ditirâmbica, o caminho está desembaraçado para a cruzada salvadora.

Semear o país deve ser, pois, a nossa obsessão de todos os momentos.

É a grande fórmula do patriotismo que se não contenta com o jogo malabar do palavreado sonoro. E, além disso, é o último cartucho que nos resta queimar...

JECA TATU

A ressurreição

I

Jeca Tatu era um pobre caboclo que morava no mato, numa casinha de sapé. Vivia na maior pobreza, em companhia da mulher, muito magra e feia, e de vários filhinhos pálidos e tristes.

Jeca Tatu passava os dias de cócoras, pitando enormes cigarrões de palha, sem ânimo de fazer coisa nenhuma. Ia ao mato caçar, tirar palmitos, cortar cachos de brejaúva, mas não tinha a ideia de plantar um pé de couve atrás da casa. Perto corria um ribeirão, onde ele pescava de vez em quando uns lambaris e um ou outro bagre. E assim ia vivendo.

Dava pena ver a miséria do casebre. Nem móveis, nem roupas, nem nada que significasse comodidade. Um banquinho de três pernas, umas peneiras furadas, a espingardinha de carregar pela boca, muito ordinária, e só.

Todos que passavam por ali murmuravam:

– Que grandissíssimo preguiçoso!

II

Jeca Tatu era tão fraco que quando ia lenhar vinha com um feixinho que parecia brincadeira. E vinha arcado, como se estivesse carregando um enorme peso.

– Por que não traz de uma vez um feixe grande? – perguntaram-lhe um dia.

Jeca Tatu coçou a barbicha rala e respondeu:

– Não paga a pena.

Tudo para ele não pagava a pena. Não pagava a pena consertar a casa, nem fazer uma horta, nem plantar árvores de fruta, nem remendar a roupa.

Só pagava a pena beber pinga.

– Por que você bebe, Jeca? – diziam-lhe.

– Bebo para esquecer.

– Esquecer o quê?

– Esquecer as desgraças da vida.

E os passantes murmuravam:

– Além de vadio, bêbado...

III

Jeca possuía muitos alqueires de terra, mas não sabia aproveitá-la. Plantava todos os anos uma rocinha de milho, outra de feijão, uns pés de abóbora e mais nada. Criava em redor da casa um ou outro porquinho e meia dúzia de galinhas. Mas o porco e as aves que cavassem a vida, porque Jeca não lhes dava o que comer. Por esse motivo o porquinho nunca engordava, e as galinhas punham poucos ovos.

Jeca possuía ainda um cachorro, o Brinquinho, magro e sarnento, mas bom companheiro e leal amigo.

Brinquinho vivia cheio de bernes no lombo e muito sofria com isso. Pois apesar dos ganidos do cachorro, Jeca não se lembrava de lhe tirar os bernes. Por quê? Desânimo, preguiça...

As pessoas que viam aquilo franziam o nariz.

– Que criatura imprestável? Não serve nem para tirar berne de cachorro...

IV

Jeca só queria beber pinga e espichar-se ao sol no terreiro. Ali ficava horas, com o cachorrinho rente, cochilando. A vida que rodasse, o mato que crescesse na roça, a casa que caísse. Jeca não queria saber de nada. Trabalhar não era com ele.

Perto morava um italiano já bastante arranjado, mas que ainda assim trabalhava o dia inteiro. Por que Jeca não fazia o mesmo?

Quando lhe perguntavam isso, ele dizia:

– Não paga a pena plantar. A formiga come tudo.

– Mas como é que o seu vizinho italiano não tem formiga no sítio?

– É que ele mata.

– E por que você não faz o mesmo?

Jeca coçava a cabeça, cuspia por entre os dentes e vinha sempre com a mesma história:

– *Quá!* Não paga a pena...

– Além de preguiçoso, bêbado; e, além de bêbado, idiota – era o que todos diziam.

V

Um dia um doutor portou lá por causa da chuva e espantou-se de tanta miséria. Vendo o caboclo tão amarelo e xucro, resolveu examiná-lo.

– Amigo Jeca, o que você tem é doença.

– Pode ser. Sinto uma canseira sem-fim, e dor de cabeça, e uma pontada aqui no peito que responde na cacunda.

– Isso mesmo. Você sofre de ancilostomíase.

– Anci... o quê?

– Sofre de amarelão, entende? Uma doença que muitos confundem com a maleita.

– Essa tal maleita não é a sezão?

– Isso mesmo. Maleita, sezão, febre palustre ou febre intermitente: tudo é a mesma coisa, está entendendo? A sezão também produz anemia, moleza e esse desânimo do amarelão; mas é diferente. Conhece-se a maleita pelo arrepio, ou calafrio que dá, pois é uma febre que vem sempre em horas certas e com muito suor. O que você tem é outra coisa. É amarelão.

VI

O doutor receitou-lhe o remédio adequado; depois disse:
– E trate de comprar um par de botinas e nunca mais me ande descalço nem beba pinga, ouviu?
– Ouvi, sim, senhor!
– Pois é isso – rematou o doutor, tomando o chapéu. – A chuva já passou e vou-me embora. Faça o que mandei que ficará forte, rijo e rico como o italiano. Na semana que vem estarei de volta.
– Até por lá, seo doutor!
Jeca ficou cismando. Não acreditava muito nas palavras da Ciência, mas por fim resolveu comprar os remédios, e também um par de botinas ringideiras.
Nos primeiros dias foi um horror. Ele andava pisando em ovos. Mas acostumou-se, afinal...

VII

Quando o doutor reapareceu, Jeca estava bem melhor, graças ao remédio tomado. O doutor mostrou-lhe com uma lente o que tinha saído das suas tripas.
– Veja, seo Jeca, que bicharia tremenda estava se criando na sua barriga! São os tais ancilóstomos, uns bichinhos dos lugares úmidos, que entram pelos pés, vão varando pela carne adentro até alcançarem os intestinos. Chegando lá, grudam-se nas tripas e escangalham com o freguês. Tomando este remédio você bota pra fora todos os ancilóstomos que tem no corpo. E andando sempre calçado, não deixa que entrem os que estão na terra. Assim fica livre da doença pelo resto da vida.
Jeca abriu a boca, maravilhado.
– Os anjos digam amém, seo doutor!

VIII

Mas Jeca não podia acreditar numa coisa: que os bichinhos entrassem pelo pé. Ele era "positivo" e dos tais que "só vendo". O doutor resolveu abrir-lhe os olhos. Levou-o a um lugar úmido, atrás da casa, e disse:

– Tire a botina e ande um pouco por aí.

Jeca obedeceu.

– Agora venha cá. Sente-se. Bote o pé em cima do joelho. Assim. Agora examine a pele com esta lente.

Jeca tomou a lente, olhou e percebeu vários vermes pequeninos que já estavam penetrando na sua pele, através dos poros. O pobre homem arregalou os olhos, assombrado.

– E não é que é mesmo? Quem "havera" de dizer!...

– Pois é isso, seo Jeca, e daqui por diante não duvide mais do que a Ciência disser.

– Nunca mais! Daqui por diante Nhá Ciência está dizendo e Jeca está jurando em cima! T'esconjuro! E pinga, então, nem pra remédio...

IX

Tudo o que o doutor disse aconteceu direitinho! Três meses depois ninguém mais conhecia o Jeca.

A preguiça desapareceu. Quando ele agarrava no machado, as árvores tremiam de pavor. Era *pam, pam, pam...* horas seguidas, e os maiores paus não tinham remédio senão cair.

Jeca, cheio de coragem, botou abaixo um capoeirão para fazer uma roça de três alqueires. E plantou eucaliptos nas terras que não se prestavam para cultura. E consertou todos os buracos da casa. E fez um chiqueiro para os porcos. E um galinheiro para as aves. O homem não parava, vivia a trabalhar com fúria que espantou até o seu vizinho italiano.

– Descanse um pouco, homem! Assim você arrebenta... – diziam os passantes.

– Quero ganhar o tempo perdido – respondia ele sem largar do machado. – Quero tirar a prosa do "intaliano".

X

Jeca, que era um medroso, virou valente. Não tinha mais medo de nada, nem de onça! Uma vez, ao entrar no mato, ouviu um miado estranho.

– Onça! – exclamou ele. – É onça e eu aqui sem nem uma faca!...

Mas não perdeu a coragem. Esperou a onça, de pé firme. Quando a fera o atacou, ele ferrou-lhe tamanho murro na cara que a bicha rolou no chão, tonta. Jeca avançou de novo, agarrou-a pelo pescoço e estrangulou-a.

– Conheceu, papuda? Você pensa então que está lidando com algum pinguço opilado? Fique sabendo que tomei remédio do bom e uso botina ringideira...

A companheira da onça, ao ouvir tais palavras, não quis saber de histórias – azulou! Dizem que até hoje está correndo...

XI

Ele, que antigamente só trazia três pauzinhos, carregava agora cada feixe de lenha que metia medo. E carregava-os sorrindo, como se o enorme peso não passasse de brincadeira.

– Amigo Jeca, você arrebenta! – diziam-lhe. – Onde se viu carregar tanto pau de uma vez?

– Já não sou aquele de dantes! Isto para mim agora é canja – respondia o caboclo sorrindo.

Quando teve de aumentar a casa, foi a mesma coisa. Derrubou no mato grossas perobas, atorou-as, lavrou-as e trouxe no muque para o terreiro as toras todas. Sozinho!

– Quero mostrar a esta paulama quanto vale um homem que tomou remédio de Nhá Ciência, que usa botina cantadeira e não bebe nem um só martelinho de cachaça!

O italiano via aquilo e coçava a cabeça.

– Se eu não tropicar direito, este diabo me passa na frente. *Per Bacco!*

XII

Dava gosto ver as roças do Jeca. Comprou arados e bois, e não plantava nada sem primeiro afofar a terra. O resultado foi que os milhos vinham lindos e o feijão era uma beleza.

O italiano abria a boca, admirado, e confessava nunca ter visto roças assim.

E Jeca já não plantava rocinhas como antigamente. Só queria saber de roças grandes, cada vez maiores, que fizessem inveja no bairro.

E se alguém lhe perguntava:

– Mas para que tanta roça, homem? – ele respondia:

– É que agora quero ficar rico. Não me contento com trabalhar para viver. Quero cultivar todas as minhas terras, e depois formar aqui uma enorme fazenda. E hei de ser até coronel...

E ninguém duvidava mais. O italiano dizia:

– E forma mesmo! E vira mesmo coronel! *Per la Madonna!*...

XIII

Por esse tempo o doutor passou por lá e ficou admiradíssimo da transformação do seu doente.

Esperara que ele sarasse, mas não contara com tal mudança.

Jeca o recebeu de braços abertos e apresentou-o à mulher e aos filhos.

Os meninos cresciam viçosos, e viviam brincando, contentes como passarinhos.

E toda gente ali andava calçada. O caboclo ficara com tanta fé no calçado que metera botinas até nos pés dos animais caseiros!

Galinhas, patos, porcos, tudo de sapatinho nos pés! O galo, esse andava de bota e espora!

– Isso também é demais, seo Jeca – disse o doutor. – Isso é contra a natureza!

– Bem sei. Mas quero dar um exemplo a esta caipirada bronca. Eles aparecem por aqui, veem isso e não se esquecem mais da história.

XIV

Em pouco tempo os resultados foram maravilhosos. A porcada aumentou de tal modo que vinha gente de longe admirar aquilo. Jeca adquiriu um caminhão Ford, e em vez de conduzir os porcos ao mercado pelo sistema antigo, levava-os de auto, num instantinho, buzinando pela estrada afora, *fom-fom! fom-fom!*...

As estradas eram péssimas; mas ele consertou-as à sua custa. Jeca parecia um doido. Só pensava em melhoramentos, progressos, coisas americanas. Aprendeu logo a ler, encheu a casa de livros e por fim tomou um professor de inglês.

– Quero falar a língua dos bifes para ir aos Estados Unidos ver como é lá a coisa.

O seu professor dizia:

– O Jeca só fala inglês agora. Não diz porco; é *pig*. Não diz galinha; é *hen*... Mas de álcool, nada. Antes quer ver o demônio do que um copinho da "branca"...

XV

Jeca só fumava charutos fabricados especialmente para ele, e só corria as roças montado em cavalos árabes de puro-sangue.

– Quem o viu e quem o vê! Nem parece o mesmo. Está um "estranja" legítimo, até na fala.

Na sua fazenda havia de tudo. Campos de alfafa. Pomares belíssimos com quanta fruta há no mundo. Até criação do bicho-da-seda; Jeca formou um amoreiral que não tinha fim.

– Quero que tudo aqui ande na seda, mas seda fabricada em casa. Até os sacos aqui da fazenda têm que ser de seda, para moer os invejosos...

E ninguém duvidava de nada.

– O homem é mágico – diziam os vizinhos. – Quando assenta de fazer uma coisa, faz mesmo, nem que seja um despropósito...

XVI

A fazenda do Jeca tornou-se famosa no país inteiro. Tudo ali era por meio do rádio e da eletricidade. Jeca, de dentro do seu escritório, tocava num botão e o cocho do chiqueiro se enchia automaticamente de rações muito bem dosadas. Tocava outro botão, e um repuxo de milho atraía todo o galinhame!...

Suas roças eram ligadas por telefones. Da cadeira de balanço, na varanda, ele dava ordens aos feitores, lá longe.

Chegou a mandar buscar nos Estados Unidos um telescópio.

– Quero aqui desta varanda ver tudo que se passa em minha fazenda.

E tanto fez que viu. Jeca instalou os aparelhos, e assim pôde, da sua varanda, com o charutão na boca, não só falar por meio do rádio para qualquer ponto da fazenda como ainda ver, por meio do telescópio, o que os camaradas estavam fazendo.

XVII

Ficou rico e estimado, como era natural; mas não parou aí. Resolveu ensinar o caminho da saúde aos caipiras das redondezas. Para isso montou na fazenda e vilas próximas vários Postos de Maleita, onde tratava os enfermos de sezões; e também Postos de Ancilostomose, onde curava os doentes de amarelão e outras doenças causadas por bichinhos nas tripas.

O seu entusiasmo era enorme.

– Hei de empregar toda a minha fortuna nesta obra de saúde geral – dizia ele. – O meu patriotismo é este. Minha divisa: curar gente. Abaixo a bicharia que devora o brasileiro...

E a curar gente da roça passou Jeca toda a sua vida. Quando morreu, aos 89 anos, não teve estátua, nem grandes elogios nos jornais. Mas ninguém ainda morreu de consciência mais tranquila. Havia cumprido o seu dever até o fim.

XVIII

Meninos: nunca se esqueçam desta história; e, quando crescerem, tratem de imitar o Jeca. Se forem fazendeiros, procurem curar os camaradas da fazenda. Além de ser para eles um grande benefício, é para vocês um alto negócio. Vocês verão o trabalho dessa gente produzir três vezes mais.

Um país não vale pelo tamanho, nem pela quantidade de habitantes. Vale pelo trabalho que realiza e pela qualidade da sua gente. Ter saúde é a grande qualidade de um povo. Tudo mais vem daí.

NOTA

Esta pequena história teve um curioso destino. Adotada por Candido Fontoura, esse homem de visão tão penetrante, para propaganda de seus preparados medicinais contra a malária e a opilação, vem sendo espalhada pelo país inteiro na maior abundância. As tiragens já alcançaram quinze milhões de exemplares – e prosseguem. Não há recanto do Brasil, não há fundo de sertão, onde quem sabe ler não haja lido o Jeca Tatuzinho, *que é o nome popular da história por causa do pequeno formato das edições distribuídas. E desta forma, graças à ação de Fontoura, as noções dadas no* Jeca Tatuzinho *sobre as origens da malária e da opilação já entraram no conhecimento do povo roceiro, habilitando milhares e milhares de criaturas a se defenderem e também a se curarem, quando por elas alcançados.*

ZÉ BRASIL

Zé Brasil foi escrito num momento em que ameaçavam jogar o Partido Comunista no *underground*. Indignado com o que lhe parecia brutal violação da lei básica do país e estúpido atentado contra a liberdade de pensamento, Monteiro Lobato toma a defesa dos comunistas e invectiva os inimigos da liberdade e do direito de cada um pensar como lhe manda a consciência, ou o temperamento. Apenas lançado, numa humilde edição, *Zé Brasil* é logo em seguida apreendido, em rumorosas caravanas policiais. – "Meu amigo" –, responde Monteiro Lobato ao primeiro repórter que o procura a fim de saber as suas reações – "para um escritor nada melhor do que as iras da polícia, do que o veto da Igreja, do que a condenação dos pseudomoralistas". Tinha razão, pois o folheto que a Editorial Vitória vestira pobremente passou a ser procuradíssimo, e edições clandestinas surgiram do dia para a noite. E cartas e telegramas choveram sobre o escritório do autor, pedindo-lhe o tal livrinho de que todos falavam, mas que as livrarias e bancas de jornais não tinham para vender. Mais tarde a Editorial Calvino tirou do pequeno raconto uma edição de luxo, ilustrada por Portinari.

Zé Brasil

I

Zé Brasil era um pobre coitado. Nasceu e sempre viveu em casebres de sapé e barro, desses de chão batido e sem mobília nenhuma – só a mesa encardida, o banco duro, o mocho de três pernas, uns caixões, as cuias... Nem cama tinha. Zé Brasil sempre dormiu em esteiras de tábua. Que mais na casa? A espingarda, o pote d'água, o caco de sela, o rabo-de-tatu, a arca, o facão, um santinho na parede. Livros, só folhinhas para ver as luas e se vai chover ou não, e aquele livrinho do Fontoura com a história do Jeca Tatu.

– Coitado deste Jeca! – dizia Zé Brasil olhando para aquelas figuras. – Tal qual eu. Tudo que ele tinha eu também tenho. A mesma opilação, a mesma maleita, a mesma miséria e até o mesmo cachorrinho. Pois não é que meu cachorro também se chama Joli?...

II

A vida de Zé Brasil era a mais simples. Levantar de madrugada, tomar um cafezinho ralo ("escolha" com rapadura) com farinha de milho (quando tinha) e ir para a roça pegar no cabo da enxada. O almoço ele o comia lá mesmo, levado pela mulher; arroz com feijão e farinha de mandioca, às vezes um torresmo ou um pedacinho de carne-seca para enfeitar. Depois, cabo da enxada outra vez, até a hora do café do meio-dia. E novamente a enxada, quando não a foice ou o machado. A luta com a terra sempre foi brava. O mato não para nunca de crescer, e é preciso ir derrubando as capoeiras e capoeirões porque não há o que se estrague tão depressa como as terras de plantação.

Na frente da casa, o terreirinho, o mastro de Santo Antônio. Nos fundos, o chiqueirinho com um capadete engordando, a árvore onde dormem as galinhas e a "horta" – umas latas velhas num jirauzinho, com um pé de cebola, outro de arruda e mais remédios – hortelã, cidreira etc. No jirau, por causa da formiga.

– Ah, estas formigas me matam! – dizia o Zé com cara de desânimo. – Comem tudo que a gente planta.

E se alguém da cidade, desses que não entendem de nada desta vida, vinha com histórias de "matar formiga" Zé dizia:

– Matar formiga!... Elas é que matam a gente. Isso de matar formiga só para os ricos, e muito ricos. O formicida está pela hora da morte – e cada vez pior, mais falsificado. E que me adianta matar um formigueiro aqui neste sítio, se há tantos formigueiros nos vizinhos? Formiga vem de longe. Já vi um olheiro que ia sair a um quilômetro de distância. Suponha que eu vendo a alma, compro uma lata de formicida e mato aquele formigueiro ali do pastinho. Que adianta? As formigas do Chico Vira, que é o meu vizinho deste lado, vêm alegrinhas visitar as minhas plantas.

III

A gente da cidade – como são cegas as gentes das cidades!... Esses doutores, esses escrevedores nos jornais, esses deputados, paravam ali e era só crítica: vadio, indolente, sem ambição, imprestável... não havia o que não dissessem do Zé Brasil. Mas ninguém punha atenção nas doenças que derreavam aquele pobre homem – opilação, sezões, quanta verminose há, malária. E cadê doutor? Cadê remédio? Cadê jeito? O jeito era sempre o mesmo: sofrer sem um gemido e ir trabalhando doente mesmo, até não aguentar mais e cair como cavalo que afrouxa. E morrer na velha esteira – e feliz se houver por ali alguma rede em que o corpo vá para o cemitério, se não vai amarrado com cipó.

– Mas você morre, Zé, e sua alma vai para o céu – disse um dia o padre – e Zé duvidou.

– Está aí uma coisa que só vendo! Minha ideia é que nem deixam minha alma entrar no céu. Tocam ela de lá, como aqui na vida o Coronel Tatuíra ja me tocou das terras dele.

– Por quê, Zé?

IV

– Eu era "agregado" na fazenda do Taquaral. O coronel me deu lá uma grota, fiz minha casinha, derrubei o mato, plantei milho e feijão.

– De meias?

– Sim. Metade para o coronel, metade para mim.

– Mas isso dá, Zé?

– Dá para a gente ir morrendo de fome pelo caminho da vida – a gente que trabalha e planta. Para o dono da terra é o melhor negócio do mundo. Ele não faz nada, de nada, de nada. Não fornece nem uma foice, nem um vidrinho de quina para a sezão – mas leva metade da colheita, e metade bem medida – uma metade gorda; a metade que fica com a gente é magra, minguada... E a gente tem de viver com aquilo um ano inteiro, até que chegue tempo de outra colheita.

– Mas como foi o negócio da fazenda do Taquaral?

– Eu era "agregado" lá e ia labutando na grota. Certo ano tudo correu bem e as plantações ficaram a maior das belezas. O coronel passou por lá, viu aquilo – e eu não gostei da cara dele. No dia seguinte me "tocou" de suas terras como quem toca um cachorro; colheu as roças para ele e naquela casinha que eu havia feito botou o Totó Urumbeva.

– Mas não há uma lei que...

Zé Brasil deu uma risada. – Lei... Isso é coisa para os ricos. Para os pobres, a lei é a cadeia e se resingar um pouquinho é o chanfalho.

V

– E se você fosse dono das terras, aí dum sítio de dez ou vinte alqueires?

– Ah, aí tudo mudava. Se eu tivesse um sítio, fazia uma casa boa, plantava árvores de fruta, e uma horta, e até um jardinzinho como o do Giuseppe. Mas como fazer casa boa, e plantar árvores, e ter horta em terra dos outros, sem garantia nenhuma? Vi isso com o Coronel Tatuíra. Só porque naquele ano as minhas roças estavam uma beleza ele não resistiu à ambição e me tocou. E que mundo de terras esse homem tem! A fazenda do Taquaral foi medida. Os engenheiros acharam mais de dois mil alqueires – e ele ainda é dono de mais duas fazendas bem grandes, lá no Oeste. E não vende nem um palmo de terra. Herdou do pai, que já havia herdado do avô. E o gosto do coronel é dizer que vai deixar para o Tatuirinha uma fazenda maior ainda – e anda em negócios com o Mané Labrego para a compra daquele sítio da Grota Funda.

– Então não vende nem dá as terras – só arrenda?

– Isso. Também não planta nada. O que ele quer lá é rendeiro como eu fui, e são hoje mais de cem as famílias que vivem no Taquaral. Desse jeito, o lucro do coronel é certo. Se vem chuva de pedra, se vem geada ou ventania, ele nunca perde nada; quem perde são os rendeiros.

VI

– Mas, Zé, se essas terras do Taquaral fossem divididas por essas cento e tantas famílias que já vivem lá, não acha que ficava muito melhor?

– Melhor para quem? Para o coronel?

– Não. Para o mundo em geral, para todos.

– Pois está claro que sim. Em vez de haver só um rico, que é o Coronel Tatuíra, haveria mais de cem arranjados, todos vivendo na maior abundância, donos de tudo quanto produzissem, não só da metade. E o melhor de tudo seria a segurança, a certeza de que ninguém dali não saía por vontade dos outros, tocado como um cachorro, como eu fui. Ah, que grande felicidade!

Mas quem pensa nisso no mundo? Quem se incomoda com o pobre Zé Brasil? Ele que morra de doenças, ele que seja roubado, e metido na cadeia se abre a boca para se queixar. O mundo é dos ricos e Zé Brasil nasceu pobre. Ninguém no mundo pensa nele, olha para ele, cuida de melhorar a sorte dele...

VII

– Não é assim, Zé. Apareceu um homem que pensa em você, que por causa de você já foi condenado pela lei desses ricos que mandam em tudo – e passou nove anos num cárcere.
– Quem é esse homem?
– Luís Carlos Prestes...
– Já ouvi falar. Diz que é um tal comunista que quer desgraçar o mundo, acabar com tudo...
– Quer acabar com a injustiça do mundo. Quer que em vez de um Tatuíra, dono de milhares de milhares de alqueires de terra e vivendo à custa dos que trabalham, homem prepotente que faz o que fez a você...
– Que toca a gente...
– Que toca, que manda prender e meter o chanfalho em quem resmunga, haja centenas de donos de sítios dentro de cada fazenda, vivendo sem medo de nada, na maior abundância e segurança.
– Que beleza se fosse assim!
– E por que não há de ser assim? Basta que vocês queiram. Se todos os que sofrem essa injustiça da falta de terras próprias num país tão grande como este se reunirem em redor de Prestes, a situação acabará mudando completamente. O Brasil tem cinco habitantes para cada quilômetro quadrado...
– Quanto é isso em alqueires?
– Um quilômetro quadrado é um pouco mais de quarenta alqueires. Ora, havendo cinco habitantes para cada quilômetro quadrado, cada habitante pode ter um sítio de oito alqueires, homem, mulher ou criança. Quer dizer que terra é o que não falta. Falta uma boa distribuição das terras, de modo que se acabe com isto de uns terem tudo e a grande maioria não ter nada.

VIII

– Pois é o que o Prestes quer. O sonho dele é fazer que todos os que trabalham na terra sejam donos de um sítio de bom tamanho, onde vivam felizes, plantando muitas árvores, melhorando as benfeitorias. E todos vivendo sossegados, sem receio de que um Tatuíra os toque e fique com tudo. É só isso o que Prestes e seus companheiros querem.

– Mas por que então esse homem é tão guerreado?

– Justamente por isso. Quem é que o guerreia? Os que trabalham na roça, como você? Os que sofrem a injustiça do mundo, como você? Os que nas cidades ganham a vida nos ofícios ou como operários de fábricas? Os que produzem tudo quanto existe no mundo? Não. Os que combatem Prestes e as ideias de Prestes não são os que trabalham e sim os que vivem à custa do trabalho dos outros.

– Como aqui o Coronel Tatuíra...

– Exatamente. São os Tatuíras que tomaram conta do mundo e como para eles está tudo muito bem, não querem mudança nenhuma.

– Para eles está bom mesmo! Não precisam trabalhar e são donos de tudo, das terras, das casas, das fábricas...

– ... e do produto do trabalho dos outros. O mal está aí, Zé. No dia em que quem trabalha ficar dono do produto do seu trabalho tudo entrará nos eixos e todos serão felizes. Mas isso de cem trabalharem para um só ficar com tudo, isso não está certo e tem de acabar.

– Pois no Taquaral é assim. Cem famílias trabalham, naquelas terras, como negros de eito, para que o coronel viva no macio, sempre lá pelas capitais, arrotando presunto. Do que essas famílias produzem, a parte que a elas cabe mal dá para não morrerem de fome e não andarem totalmente nuas. Se o Prestes quer mudar isso, esse homem merece a nossa aprovação.

IX

— Se ele tiver o apoio de vocês todos, quem poderá com ele? Vocês são a maioria. Vocês são os milhões; os Tatuíras não passam de centenas. Se sendo tão poucos os Tatuíras dominam e exploram a vocês que são milhões, isso vem duma coisa só: falta de conhecimento por parte de vocês. É que vocês não sabem! E o remédio é um só: procurar saber. No dia em que todos souberem como as coisas são, ah, nesse dia tudo começa a mudar, e em vez da felicidade ficar só com as centenas, passará a ser também dos milhões.

— Mas como a gente há de saber, se cada um diz uma coisa? Jornal eu não leio, mas o Chico Vira lê e outro dia me disse que os jornais andam falando horrores do comunismo.

— Os jornais deles, está claro que dizem horrores. Mas os jornais comunistas, ou do Prestes, esses dizem as coisas de modo diferente. Em que vocês devem acreditar? No que dizem os Tatuíras e os jornais dos Tatuíras, ou no que dizem os homens que querem o bem de vocês, a felicidade de vocês, a segurança de vocês? Os homens que padecem por vocês, como esse Prestes que já passou nove anos no cárcere, incomunicável, só porque em vez de se decidir pela felicidade dos Tatuíras se decidiu pela felicidade de Zé Brasil?

— Eu estava me parecendo que era assim, mas não tinha a certeza. Agora estou compreendendo muito bem como é a coisa. Estou vendo que o nosso homem é esse Prestes. E que quem é contra Prestes e seus companheiros só prova uma coisa: que não quer mudança nenhuma no mundo. Que quer que tudo fique como está.

— E acha justo isso, Zé? Acha justo que tudo fique como está, isto é, uns tendo tudo e a imensa maioria não tendo nada, de nada, de nada?

— Se eu achasse justo isso, eu tinha de dar razão ao Coronel Tatuíra quando me tocou da grota e se apossou da casa que eu ergui com tanto trabalho e das roças que plantei e estavam tão bonitas. Ora, como é que eu poderei concordar com uma injustiça destas? – Prestes! Prestes!... Por isso é que há tanta gente que morre por ele. Estou compreendendo agora. É o único homem que quer o nosso bem. O resto, eh, eh, eh! é tudo mais ou menos Coronel Tatuíra...

(Editorial Victoria Ltda. – Rio – 1948 – 24 páginas.)

CONTO INDUSTRIAL

Prefácio

A morte de Monteiro Lobato foi para o Brasil uma perda que sem nenhum exagero retórico se pode dizer – irreparável.

É que, além de consumado e inimitável escritor, era Monteiro Lobato, na mais ampla acepção do termo, um grande homem. Espírito profundo e universalmente curioso e investigador, tudo ele procurava conhecer e compreender. Credos religiosos ou políticos, ciências e filosofias, costumes e tendências populares, caráter e índole dos homens, tanto contemporâneos como do passado, tudo era para ele objeto de estudo, de apreciação, de análise, de crítica e, em sendo o caso, de aplauso e admiração.

Pobre ou rico, ignorante ou sábio, literato ou analfabeto, proletário ou capitalista, quem quer que tivesse espírito sadio e alma sincera podia contar com a atenção, a simpatia e a amizade desinteressada de Monteiro Lobato.

Com a mesma naturalidade ele tratava um mendigo ou um magnata da finança, embora a sua maior afabilidade naturalmente se voltasse para as criaturas boas, que vivessem com simplicidade e sem azedume.

Seu espírito irrequieto, cético, e às vezes irreverente, era fruto da sua ânsia em descobrir, para indicar aos outros, o caminho certo, verdadeiro, que a todos conduzisse a um teor de vida inteligente, justo e confortável.

Não era um espírito religioso, mas não combatia nenhuma crença sincera, pois a todas considerava como fontes preciosas de esperança e conforto moral. Seu temperamento é que era refratário a qualquer espécie de ritual ou protocolo. Lobato nunca teve um fraque, uma casaca, uma cartola...

Era um sentimental, mas de feitio próprio, o que procurava dissimular, mesmo aos mais íntimos, com suas piadas e ditos mordazes. No fundo, um dos melhores homens que têm existido.

Assim o compreendeu a população de todo o país, cujas manifestações ao tomar notícia de seu desaparecimento não deixam nenhuma dúvida acerca da imensa e mais que merecida popularidade do genial criador de Jeca Tatu e de Narizinho Arrebitado.

Mais do que ninguém, contudo, sentiu essa perda inestimável o Instituto Medicamenta, do qual era Monteiro Lobato velho e devotado amigo. Além do Jeca Tatuzinho, que o grande escritor compôs para cooperar na obra de saneamento do país para a qual, desde a sua fundação, dedicou o Instituto Medicamenta sua melhor atenção, escreveu ainda o presente Conto industrial, em que, com a sua verve e seu estilo inconfundíveis, relata a origem e o progresso do estabelecimento ao qual, há mais de trinta anos, honrava com sua amizade desinteressada e constante.

É pois como uma modesta mas comovida homenagem ao grande escritor patrício que damos agora esta nova edição do seu Conto industrial, ao qual acrescentamos, em transcrições e em facsímile, alguns documentos inéditos, que traduzindo a lisonjeira amizade durante tantos anos dedicada por Monteiro Lobato ao Instituto Medicamenta hão de concorrer decerto para a biografia e bibliografia do maior escritor brasileiro do presente século.

Prestando a Monteiro Lobato esta homenagem, acreditamos estar traduzindo também o sentir de toda a classe farmacêutica brasileira, que dele recebeu, em mais de um ensejo, várias provas de sua solidariedade, tanto humana quanto intelectual.

Conto industrial

Os escritores só tomam como tema de seus contos ou romances os casos de amor ou as tragédias. Raros penetram no campo da indústria, apesar de vivermos na era mais industrial da história. E, no entanto, a indústria anda cheia de contos, de romances, alguns de grande beleza, outros trágicos, outros sórdidos – mas todos dignos do nosso interesse e da consagração do entrajamento artístico.

Qualquer produto industrial exposto nas lojas, qualquer produto medicinal que vemos nas farmácias, tem a sua história, e muitas vezes essa história revela beleza e drama e daria matéria para um lindo conto ou romance se os escritores se dignassem a descer da estratosfera do amor para atentar nas florinhas que brotam no chão do prosaísmo industrial.

Entramos numa farmácia e vemos as prateleiras atochadas de "preparados". Que palavra horrível! Lembra uma cilada contra o nosso bolso e a nossa saúde. Um patife qualquer "preparou" aquilo para nos pegar, como a aranha prepara a teia. E se essa palavra ignóbil ainda persiste, é porque na indústria há muito pouca preocupação estética. Os industriais são em regra homens de curto horizonte artístico. Dizem as coisas com todas as letras, charra e chatamente, como se o mundo inteiro fosse, como eles, despido de azul na alma.

Mas é tão forte a humana necessidade de sonho, de idealidade, de estratosfera, que mesmo o mais prosaico industrial, quando entra no mundo com a teia de aranha de um "prepa-

Ilustração de um dos primeiros almanaques do Biotônico, ideia e desenho de Otavio Prates

rado", começa a sublimar-se – inconscientemente, está claro. E dá ao "preparado" uma denominação menos clínica; passa a chamá-lo de "fortificante", suponhamos. A melhoria é evidente. Já não transparece a ideia de assalto, de armadilha, de arranjo, de preparo de teia de aranha. A ideia já é um aceno de excelsior. É ideia de mais. De aumento. De ascensão. "Força". "Fortalecer". "Fortificar". "Fortificante". O que dá força, ou levanta as forças. E o industrial, que na primeira etapa era pura aranha, eleva-se ao nível dum "Doador" e simula intimidade com os deuses. Passa a dar qualquer coisa. A dar a coisa por excelência

– a Força. Que criatura humana não necessita de força, ou não quer aumentar a que tem?

Mas não basta essa generalização. É preciso personalizar-se, e ele tem de fazê-lo sonoramente, com uma palavra bem composta, inédita, que o mundo ouça e decore. E surgem os nomes dos fortificantes. Note-se a escada de ascensão estética: primeiro degrau – "preparado", o esqueleto da coisa, horrível como todo esqueleto. Segundo degrau – "fortificante", em que o esqueleto já aparece recoberto duma carne, promissora de qualquer coisa favorável ao público. E, por fim, o terceiro degrau – o nome de batismo, sonoro, lindo, em regra um coquetel de grego, latim e vernáculo. É a epiderme final com que a carne que revestiu o esqueleto por sua vez se reveste de pompas sonoras – e esse vestuário tem grande importância para a vida do novo produto lançado no comércio. Um belo nome é meio triunfo.

Conheço a história dum grande romance industrial. Vou resumi-la.

Foi em 1910. Um farmacêutico do interior, de nenhuma significação no mundo, casou-se, como todos os farmacêuticos do interior se casam. Que hão de fazer os coitadinhos senão casar-se? Casou-se e o peso da mediocridade de sua vida, ali entre pomadas e pílulas, foi sensivelmente aliviado. Ouvir a voz da mulher moça e bonita, no intervalo entre o aviamento de duas receitas, dá até coragem para o preparo de supositórios destinados a uma velha coroca.

Um dia a esposa adoeceu. Adoeceu e sarou, apesar dos remédios tomados, mas teve a convalescença difícil. Muita fraqueza. E o farmacêutico está claro que pensou logo em fortificantes. Mas qual escolher? Havia, entre muitas de seu conhecimento, uma fórmula que seduzia o nosso farmacêutico. Por quê? Quem explica esses mistérios? Simpatia! Mas os seus conhecimentos de farmacopeia e as necessidades orgânicas da doente sugeriram-lhe a adição de arsênico e ferro na fórmula fosforada de sua predileção.

Surgem dificuldades. O ferro não se dissolvia. Lá na roça os recursos técnicos eram escassos. Mas como o Amor estava de permeio, todos os óbices foram vencidos. Quem pode com o Amor? Por artes do Amor, ferro, arsênico e o mais, tudo se combinou muito bem na nova fórmula que o moço acabava de criar;

Ideia e desenho de Monteiro Lobato para uma das primeiras edições do almanaque do Biotônico

e a primeira cobaia, a esposa convalescente, viu-se reintegrada na saúde muito mais depressa do que todos esperavam.

"Neste pau tem mel", disse consigo o farmacêutico, e imediatamente assentou a ideia de lançar no mercado aquela "especialidade" farmacêutica que tivera origem tão fora do comum: o amor.

Era preciso um nome – e começou a "batalha do nome", como na Europa tivemos ora a batalha do Atlântico, ora a da Inglaterra, ora a da Sicília. O nosso farmacêutico enfileirava sobre o balcão todos os fortificantes do seu estoque – *Histogenol, Naline, Guderin, Emulsão de Scott, Tropon* – e ficava à espera da inspiração. Um empregado da farmácia, de ótima caligrafia, desenhava nomes. À noitinha apareciam por lá o doutor Guimarães e o doutor Giuliani, e o assunto era sempre o nome, o nome, o NOME! Todos os problemas do Universo se resumiam no encontro dum nome – e assim até que a escolha fosse feita.

Agora a apresentação gráfica desse nome, o letreiro. Procura, pensa, compara... e o tão ambicionado nome surgiu afinal. O prático da farmácia, João Silveira, o homem da bela caligrafia, passava as horas vagas desenhando rótulos.

E por fim os primeiros vidros do novo fortificante entraram a figurar entre os colegas já vencedores da vida, imponentes em seus rótulos litografados. O caçula, ali naquela humilde farmácia do interior – Farmácia Popular –, tinha rótulos feitos a mão: e cada vez que era vendido *um* vidro, o farmacêutico e o auxiliar entreolhavam-se, gozosos e vitoriosos. "A coisa vai!", diziam.

E de fato ia indo. Para maior prestígio do produto, davam-no como composição do doutor Guimarães. Se fossem atribuir a fórmula ao verdadeiro autor destruíam-lhe o prestígio, porque – "Ora o Candinho a criar fortificantes! Outro ofício!" E não se venderia nem mais um frasco sequer.

Certa ocasião o farmacêutico vem a São Paulo e vai com um vidro do produto à Litografia Ipiranga. "Quero rótulos assim, assim: um para a frente, outro para as costas, outro para o gargalo, outro para a tampa." Não seria por falta de rótulos que a "especialidade" pereceria... Um mês mais tarde o farmacêutico sentiu grande emoção ao receber uns pacotes: os rótulos! Eram ingressos para o Futuro! Talvez passaportes para o maravilhoso

Outro desenho de Monteiro Lobato para o almanaque do Biotônico

país da Fortuna! Quem pode com a imaginação dum farmacêutico de Bragança, inventor de fortificantes?

Um seu amigo, Joaquim Diniz, professor público, vai visitá-lo nessa ocasião: dá com aquela beleza de rótulos verdes e exulta – e sugere uma coisa tremenda: registrar aquilo na Junta Comercial, prontificando-se a fazer ele mesmo o serviço.

No momento ninguém desconfiou de nada, mas aquele homem era um enviado do Destino. Muita luta houve mais tarde em torno da posse do precioso nome comercial, como nas guerras de hoje se luta para a posse dum "saliente"; mas graças à tão oportuna lembrança de Diniz aquele saliente nunca foi tomado.

E o fortificante, já de rótulos litografados como os seus colegas vitoriosos, começou a ser vendido, em Bragança e nas "praças" vizinhas. Um dia, um prognóstico. Certa colona da fazenda do Coronel Ferreira declarou ao farmacêutico que com três vidros se recompusera duma fraqueza que até já a tinha levado à Itália. E concluiu textualmente: "O senhor vai ficar rico de tanto vender esse remédio. Foi o único que me fez bem". E o farmacêutico, que na véspera estivera correndo os olhos pela escrita, murmurou amargamente: "Sim, estou ficando rico, mas é de calotes".

E assim a coisa foi indo, tudo a marchar com lentidão extrema, porque o "interior" naquela época era algo mestiço de lesma e jaboti. Todas as tentativas do farmacêutico para mudar-se para São Paulo haviam falhado. Aparentemente o destino queria que ele se perpetuasse como craca de Bragança.

Mas não seria assim. O Amor entrou em cena outra vez.

Um colega do farmacêutico vai visitá-lo. Dos fundos da farmácia dá com uma vizinha de lindo rosto e apaixona-se. Um puro caso do "vê-la e amá-la foi obra de um só momento...". Ferido pela seta de Eros, o homem volta no dia seguinte, para mais namoro. No terceiro dia propõe: "Quer vender a farmácia? Dou 12 contos". Ao ouvir tão prodigiosa proposta, com a qual vinha sonhando havia já mais de dez anos, o nosso farmacêutico gaguejou, tomado de invencível emoção. O outro interpretou aquela gagueira como resistência ao preço e subiu-o: "Dou 15 contos, batidos".

A fala voltou ao nosso farmacêutico no fiozinho necessário para o mais emocionado "sim" de sua vida. E, tomado de um gesto de gratidão, quis dar ao abençoado comprador mais do que a farmácia – quis dar-lhe um laboratoriozinho de análises químicas que funcionava anexo e também a fórmula do fortificante.

O Destino novamente interveio e fez que da boca do comprador saíssem estas preciosas palavras: "Não! Não! Compro a farmácia, mas dessas drogas não quero saber".

Naquele momento decidiam-se duas sortes. O que recusou as "drogas" iria perpetuar-se como um boticário da roça; e o que as levou consigo para São Paulo iria penetrar na larga estrada da grande indústria, do renome, da fortuna. Em todas as vidas humanas há dessas encruzilhadas que levam aos destinos definitivos – à Vitória, à Derrota, à Fama, à Glória, à Obscuridade, ao Fracasso.

Estabelecido em São Paulo, grande centro onde todas as vitórias são possíveis, o farmacêutico bragantino entregou-se de corpo e alma ao lançamento do fortificante criado pelo Amor e que o Amor impelira das águas rasas de Bragança para o alto-mar paulistano.

O que foi essa "batalha de São Paulo" dá matéria para um livro. Nessa ocasião o conheci e fiz-me seu amigo – amizade que com o tempo só tem melhorado, como os bons vinhos. Cheguei até a ajudá-lo... com desenhos! Os primeiros desenhos para seus anúncios, no *Estado de S.Paulo* e num almanaque, foram feitos por mim. O fortificante, filho do Amor, tinha muito de sentimental – recorria também à Amizade...

Um grande homem também o ajudou por pura simpatia: aquele verdadeiro sábio, aquele homem de valor incomparável que se chamou Luís Pereira Barreto e então pontificava em São Paulo como a suprema expressão da inteligência e do saber.

E assim subiu e assim venceu o BIOTÔNICO de Cândido Fontoura. Ao penetrar hoje nas suntuosas instalações do Instituto Medicamenta, onde tudo são painéis e mobiliário de sucupira, e onde a modernidade e a eficiência me transportam para os grandes centros norte-americanos, gosto às vezes de subir pelas escadas. Porque galgando os degraus um a um, de rumo ao gabinete do velho amigo, vou recordando as estações da sua viagem. Primeiro degrau: a fórmula escolhida. Segundo degrau: a convalescença da esposa. Terceiro: a completação da fórmula. Quarto: a cura. Quinto: os rótulos do João Silveira... E a coisa vai indo. E chego ao segundo andar – São Paulo. E chego cansado ao terceiro – A Vitória. E entro, e a sala imensa, toda ela sucupira e moças de uniformes, já não é sala duma casa de negócios, mero apêndice duma firma comercial. Aquilo já se elevou à categoria de instituição. Já passou da fase do empirismo tatibitate para o da ciência categórica.

Passa um moço de avental branco. Quem é? O doutor Liberalli, o chefe dos laboratórios – esplêndida evolução daquele "laboratoriozinho de análises químicas" de Bragança que o comprador amoroso não quis nem de lambuja.

E passam dois moços fortes – um é o Olavo, outro o Dirceu, ambos filhos do Fontoura, já bem treinados no timão do barco.

E por fim chego ao gabinete do velho amigo. Lá está ele em sua ampla secretária de sucupira, "não fazendo nada" (embora sendo o primeiro a entrar e o último a sair). Quando um homem de grandes realizações chega a esse estágio "do não fazer nada" é que está fazendo a coisa suprema: de mão no pulso da empresa, como médico, a ver se os dois movimentos estão bem harmônicos – o da "conservação do já criado" e o dos "novos desenvolvimentos em marcha". Porque é nisso que as instituições se distinguem dos simples negócios: crescem sempre, evoluem como árvores de crescimento e engalhamento indefinidos.

Entro no gabinete; o meu velho amigo adianta-se e diz:

– O nosso BIOTÔNICO faz anos hoje. Há 37 anos foi ele aprovado pelo Serviço Sanitário de São Paulo.

– Pois quero dar um presentinho a esse velho camarada. E já que é um produto realmente romântico, filho de dois amores e de muita amizade e simpatia, o presente só pode ser um continho de minha fabricação.

Eis a origem deste *Conto industrial*.

De uma carta de Monteiro Lobato, quando preso em São Paulo, em 1941. Espírito profundamente bondoso, queria ele evitar que os seus amigos sofressem demasiadamente com o seu caso.

"Caro Fontoura:

O Tribunal de Segurança, achando que eu estava um tanto magro, houve por bem mandar-me internar num dos melhores hotéis de São Paulo – o Detenção Hotel, na Av. Tiradentes. Fiquei na "sala livre", com mais três companheiros, um, muito ilustrado e inteligente, que matou a mulher; um que também matou a mulher e o amante, e um que falsificou qualquer coisa. Estamos grandes amigos, apesar de me sentir humilhado na presença deles, pois não matei mulher nenhuma, nem falsifiquei a verdade na carta ao presidente. Temos um lindo jardim à nossa disposição e presos em quantidade com quem conversar. Se todas as prisões fossem como esta, todo mundo metia empenhos para consegui-las. Trouxe minha máquina, bastante papel, livros, e tenho visitas quatro dias na semana. E como todas me trazem coisas de comer, o nosso guarda-comida me lembra as prateleiras da Leiteria. Comemos à beça. Engordamos. Isso me estraga o programa de bancar o Mártir número 1 do Petróleo – pois não há mártir gordo.

Nas horas em que não estou dormindo, ou comendo, ou sendo visitado, ou conversando com os companheiros, trabalho em minhas traduções. Haverá melhor vida? Meu medo é um só: que o Tribunal de Segurança me absolva e assim me prive duma deliciosa estadia aqui de seis meses a dois anos. Isso só serviria para pôr em foco o caso do petróleo – e a causa se beneficiaria.

O meu companheiro médico é botânico, e como gosto muito dessa ciência estou aprendendo com ele mil coisas; já sei o nome científico e as características de todas as plantas do nosso jardim. Ontem recebi um maravilhoso tratado de botânica que está fazendo as delícias do meu professor. Enquanto escrevo, lá está ele na cama, lendo. Tudo portanto vai ótimo, no melhor dos mundos possíveis, e quem aí fora me lamentar merece um piparote no nariz.

E até logo ou até um dia. Saudades aos bons companheiros lácteos.

Do
Monteiro Lobato."

Bibliografia selecionada sobre Monteiro Lobato

DE JECA A MACUNAÍMA: MONTEIRO LOBATO E O MODERNISMO, de Vasda Bonafini Landers. Editora Civilização Brasileira, 1988.

JUCA E JOYCE: MEMÓRIAS DA NETA DE MONTEIRO LOBATO, de Marcia Camargos. Editora Moderna, 2007.

MONTEIRO LOBATO: INTELECTUAL, EMPRESÁRIO, EDITOR, de Alice M. Koshiyama. Edusp, 2006.

MONTEIRO LOBATO: FURACÃO NA BOTOCÚNDIA, de Carmen Lucia de Azevedo, Marcia Camargos e Vladimir Sacchetta. Editora Senac São Paulo, 1997.

MONTEIRO LOBATO: VIDA E OBRA, de Edgard Cavalheiro. Companhia Editora Nacional, 1956.

MONTEIRO LOBATO: UM BRASILEIRO SOB MEDIDA, de Marisa Lajolo. Editora Moderna, 2000.

NA TRILHA DO JECA: MONTEIRO LOBATO E A FORMAÇÃO DO CAMPO LITERÁRIO NO BRASIL, de Enio Passiani. Editora da Universidade do Sagrado Coração/Associação Nacional de Pós-Graduação em Ciências Sociais, 2003.

NOVOS ESTUDOS SOBRE MONTEIRO LOBATO, de Cassiano Nunes. Editora Universidade de Brasília, 1998.

REVISTA DO BRASIL: UM DIAGNÓSTICO PARA A (N)AÇÃO, de Tania Regina de Luca. Editora da Unesp, 1999.

UM JECA NAS VERNISSAGES, de Tadeu Chiarelli. Edusp, 1995.

VOZES DO TEMPO DE LOBATO, de Paulo Dantas (org.). Traço Editora, 1982.

Sítio eletrônico na internet: www.lobato.com.br
(mantido pelos herdeiros do escritor)

Este livro, composto nas fontes Electra LH, Rotis e Filosofia,
foi impresso em papel pólen soft 80 g/m² na Bartira Gráfica e Editora.
São Paulo, Brasil, outubro de 2010.